우리 아기에게 만들어주고 싶은

아기 신발 코바늘뜨기

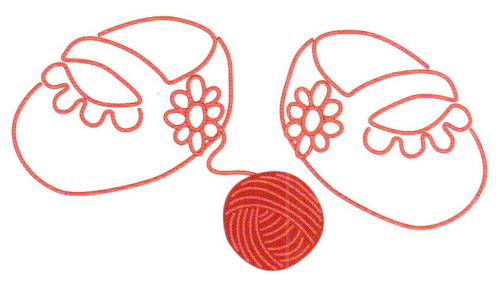

우리 아기에게 만들어주고 싶은

아기 신발 코바늘뜨기

1판 1쇄 펴냄　2017년 1월 20일

지 은 이　비타 아팔라
펴 낸 이　정현순

펴 낸 곳　㈜북핀
등　　록　제2016-000041호(2016. 6. 3)
주　　소　서울시 광진구 천호대로 572, 5층 505호
전　　화　070-4242-0525 / 팩스　02-6969-9737

ISBN 979-11-87616-00-9 13630

값　14,500원

우리 아기에게 만들어주고 싶은

아기 신발
코바늘뜨기

비타 아팔라 지음

contents

머리말

저는 손으로 직접 무언가를 만드는 걸 좋아하고 꽤 오랫동안 그것을 즐겨왔어요. 아주 어릴 때 할머니께 코바늘뜨기를 배웠고, 나중에는 어머니께 대바늘뜨기를 배웠죠. 대바늘뜨기를 배우는 동안엔 뜻하지 않게 코바늘뜨기를 등한시했어요. 새로 배우는 것에 좀 더 집중하고 싶었거든요. 하지만 아이를 낳고 엄마가 되고 나니 이전보다 핸드크래프트에 대해 더욱 관심이 생겼어요. 그리고 코바늘뜨기에 빠져들었죠. 그 이후로 코바늘을 손에서 놓지 않는답니다.

코바늘뜨기는 중독성이 있어요. 특히 아이들에게 실용적인 것을 떠줄 수 있어서 더 좋아요. 바늘 하나, 실 하나만 있으면 되고 사슬뜨기만 할 줄 알면 당장 시작해볼 수 있어서 접근성이 좋고, 대바늘뜨기보다 속도도 훨씬 빠르죠. 성격이 급한 분들에겐 특히 이 점이 매력적일 것 같아요.
저는 나만의 디자인을 생각해서 뜨는 것을 좋아했어요. 그러다 온라인을 통해 작품을 공유하게 됐고, 많은 사람들이 관심을 가져주는 것이 기뻤어요. 그에 힘을 얻어 Mon Petit Violon Shop과 블로그를 통해 본격적으로 제 작품과 패턴을 정기적으로 소개하게 되었답니다.

이 책에서는 30개의 작품을 소개했어요. 너무나도 귀여운 아기 신발들이죠. 특징이라면 아이용의 단순하고 투박한 디자인이 아니라, 실제로 어른들이 신고 다니는 다양한 신발을 모델로 디자인하였기 때문에 세련되고 옷과 매치해 입히기도 좋다는 점입니다.
예제들은 세 파트로 나누어 소개하고 있는데, 신발/부츠/샌들이 그것입니다. 신발은 세 파트 중에 비교적 뜨기 쉬운 예제들로 구성되어 있어요. 남자아이든 여자아이든 선택에 어려움이 없도록 다양한 디자인을 소개하였으니 마음에 드는 디자인을 골라 뜨면 된답니다. 부츠는 다소 시간이 걸리는 것들이지만 그다지 뜨기가 까다롭진 않아서 손쉽게 도전할 수 있어요. 시간이 좀 더 들더라도 추운 날 신길 수 있는 부츠 뜨기를 꼭 시도해 보세요. 많이 추운 날을 대비하고 싶다면 알파카나 울 소재의 실을 골라 방한성을 높일 수 있어요. 온화한 겨울 날씨나 여름용 부츠를 뜨고 싶다면 코튼이나 리넨 소재의 실이면 좋겠죠. 샌들은 다소 뜨기가 까다로울 수 있어요. 하지만 도전해볼 만한 가치가 있죠. 여름에 시원하게 신길 수 있고 디자인도 예쁘니까요.

레벨

레벨1부터 레벨3까지 난이도를 구분했어요.

실 색상

신발 디자인과 어울리는 실을 소개했어요. 물론 자신이 원하는 컬러를 선택해도 됩니다. 더불어 일반적인 실보다 더 굵거나 가는 실을 사용해야 할 때는 따로 팁을 주었어요. 원작을 뜰 때 사용한 실 브랜드는 142쪽에 밝혀두었으니 참고하세요.

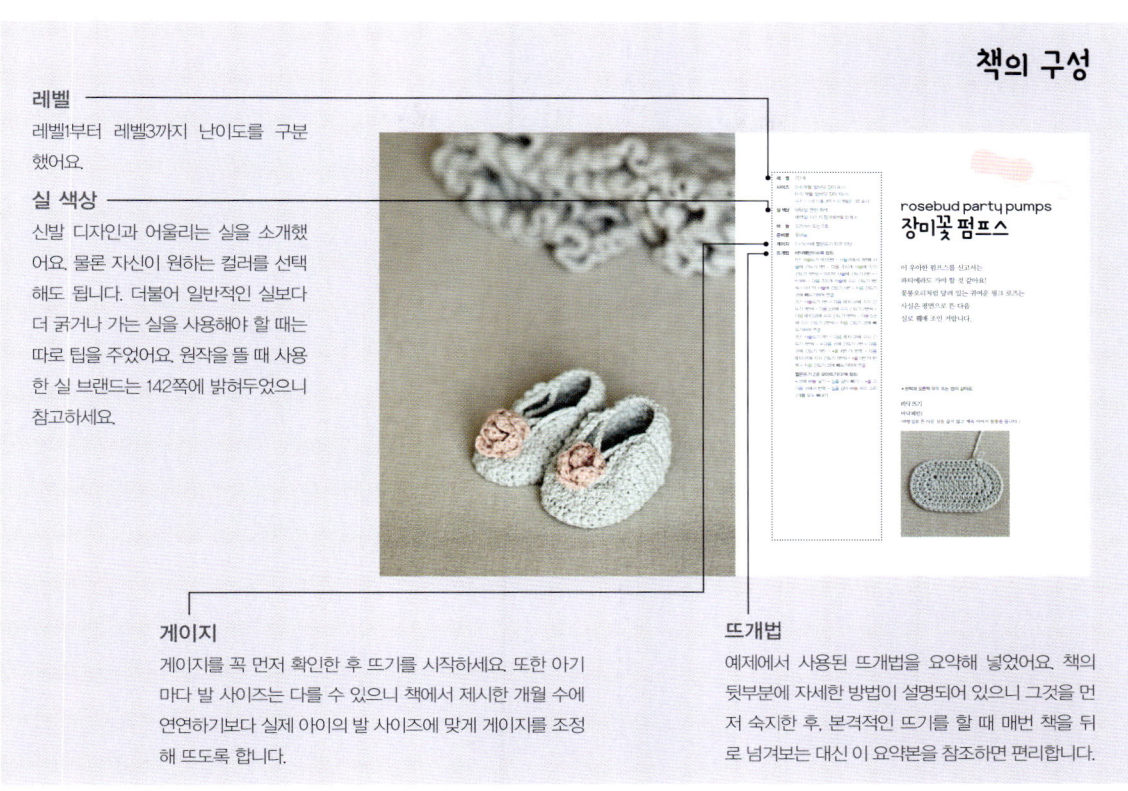

게이지

게이지를 꼭 먼저 확인한 후 뜨기를 시작하세요. 또한 아기마다 발 사이즈는 다를 수 있으니 책에서 제시한 개월 수에 연연하기보다 실제 아이의 발 사이즈에 맞게 게이지를 조정해 뜨도록 합니다.

뜨개법

예제에서 사용된 뜨개법을 요약해 넣었어요. 책의 뒷부분에 자세한 방법이 설명되어 있으니 그것을 먼저 숙지한 후, 본격적인 뜨기를 할 때 매번 책을 뒤로 넘겨보는 대신 이 요약본을 참조하면 편리합니다.

각 예제들은 가장 쉬운 단계인 레벨1부터 가장 어려운 단계인 레벨3까지 수준이 약간씩 차이가 있지만 모두 초보자도 도전해볼 수 있는 정도예요. 되도록 자세하게 뜨는 법을 설명했고 도움이 되도록 사진도 많이 실었어요. 한 단 한 단 따라 뜨다 보면 훌륭한 결과물을 얻을 수 있을 뿐 아니라 나중에 더 어렵고 큰 작품을 뜰 때 필요한 기술과 노하우를 저절로 익히게 될 거예요. 책 뒤쪽에는 코바늘뜨기의 기초라 할 수 있는 용어부터 뜨기 방법까지 소개했어요. 활동적인 아기라면 바닥이 미끄러지지 않게 만들 필요도 있기 때문에 그 방법도 소개했답니다. 코바늘뜨기 초보라면 뒷부분에 설명된 기초 지식부터 읽고 나서 작품에 도전해 보기를 권합니다.

모쪼록 이 책을 통해서 코바늘뜨기의 즐거움을 만끽할 수 있었으면 좋겠습니다.

행복한 코바늘뜨기 세계로 오신 것을 환영하며,
저자 비타 아팔라

part1.
귀여운
아기 신발

레 벨	1단계
사이즈	0–6개월: 발바닥 길이 9cm
	6–12개월: 발바닥 길이 10cm
	(수치가 서로 다를 경우 6–12개월은 [ ]로 표시)
실 색상	빨강
바 늘	3.25mm 또는 5호
게이지	5×5cm에 짧은뜨기 10코 10단

뜨개법 **바닥패턴1**(140쪽 참조)

1단: 사슬뜨기 11[13]번 ➡ 사슬코에서 3번째 사슬에 긴뜨기 1번 ➡ 다음 7[9]개 사슬에 각각 긴뜨기 1번씩 ➡ 마지막 사슬에 긴뜨기 6번 ➡ (반대쪽) ➡ 다음 7[9]개 사슬에 각각 긴뜨기 1번씩 ➡ 마지막 사슬에 긴뜨기 5번 ➡ 처음 긴뜨기 코에 빼뜨기하여 연결

2단: 사슬뜨기 1번 ➡ 다음 8[10]코에 각각 긴뜨기 1번씩 ➡ 다음 5코에 각각 긴뜨기 2번씩 ➡ 다음 8[10]코에 각각 긴뜨기 1번씩 ➡ 다음 5코에 각각 긴뜨기 2번씩 ➡ 처음 긴뜨기 코에 빼뜨기하여 연결

3단: 사슬뜨기 1번 ➡ 다음 8[10]코에 각각 긴뜨기 1번씩 ➡ *{다음 코에 긴뜨기 2번 ➡ 다음 코에 긴뜨기 1번} ➡ *을 4번 더 반복 ➡ 다음 8[10]코에 각각 긴뜨기 1번씩 ➡ *을 5번 더 반복 ➡ 처음 긴뜨기 코에 빼뜨기하여 연결

실 새로 잇기(139쪽 참조)

사슬코를 만들 때처럼 새 실로 고리를 만들고 새롭게 떠나갈 코에 바늘을 넣은 다음 만들어 둔 실 고리를 걸어 빼기

ballet flats
발레 플랫

오늘은 발레리나가 되는 날!
한 가지 색상으로 뜨는 발레 플랫이에요.
가지고 있는 튀튀(발레복)가 있다면
그에 어울리는 색으로 바꿔서 떠도 좋겠죠?

＊왼짝과 오른짝 모두 뜨는 법이 같아요.

바닥 뜨기

바닥패턴1
(뜨기가 끝나면 실을 끊어 매듭짓습니다.)

몸통 뜨기

바닥의 발꿈치 쪽 중앙에 새로 실을 잇고 다음과 같이 뜹니다.

1단: 사슬뜨기 1번 후 같은 코에 짧은뜨기 1번 ➡ 다음 45[49]코에 각각 짧은뜨기 1번씩 ➡ 편물 돌리기

2–3단: 사슬뜨기 1번 ➡ 다음 46[50]코에 각각 짧은뜨기 1번씩 ➡ 편물 돌리기

4단: 사슬뜨기 1번 ➡ 다음 15[17]코에 각각 짧은뜨기 1번씩 ➡ *{다음 코 건너뛰기 ➡ 다음 코에 짧은뜨기 1번} ➡ *을 한 번 더 반복 ➡ 다음 8코에 각각 짧은뜨기 1번씩 ➡ *{다음 코 건너뛰기 ➡ 다음 코에 짧은뜨기 1번} ➡ *을 한 번 더 반복 ➡ 다음 15[17]코에 각각 짧은뜨기 1번씩 ➡ 편물 돌리기

5단: 사슬뜨기 1번 ➡ 다음 14[16]코에 각각 짧은

뜨기 1번씩 ➡ *{다음 코 건너뛰기 ➡ 다음 코에 짧은뜨기 1번} ➡ *을 한 번 더 반복 ➡ 다음 6코에 각각 짧은뜨기 1번씩 ➡ *{다음 코 건너뛰기 ➡ 다음 코에 짧은뜨기 1번} ➡ *을 한 번 더 반복 ➡ 다음 14[16]코에 각각 짧은뜨기 1번씩 ➡ 편물 돌리기

6단: 사슬뜨기 1번 ➡ 다음 13[15]코에 각각 짧은뜨기 1번씩 ➡ *{다음 코 건너뛰기 ➡ 다음 코에 짧은뜨기 1번} ➡ *을 한 번 더 반복 ➡ 다음 4코에 각각 짧은뜨기 1번씩 ➡ *{다음 코 건너뛰기 ➡ 다음 코에 짧은뜨기 1번} ➡ *을 한 번 더 반복 ➡ 다음 13[15]코에 각각 짧은뜨기 1번씩 ➡ 편물 돌리기

7단: 사슬뜨기 1번 ➡ 다음 12[14]코에 각각 짧은뜨기 1번씩 ➡ *{다음 코 건너뛰기 ➡ 다음 코에 짧은뜨기 1번} ➡ *을 한 번 더 반복 ➡ 다음 2코에 각각 짧은뜨기 1번씩 ➡ *{다음 코 건너뛰기 ➡ 다음 코에 짧은뜨기 1번} ➡ *을 한 번 더 반복 ➡ 다음 12[14]코에 각각 짧은뜨기 1번씩 ➡ 편물 돌리기

8단: 사슬뜨기 1번 ➡ 다음 11[13]코에 각각 짧은뜨기 1번씩 ➡ *{다음 코 건너뛰기 ➡ 다음 코에 짧은뜨기 1번} ➡ *을 3번 더 반복 ➡ 다음 11[13]코에 각각 짧은뜨기 1번씩 ➡ 편물 돌리기 ❶

편물을 뒤집어 겉과 겉이 마주하게 한 다음 발꿈치 뒤쪽을 빼뜨기로 연결합니다. ❷

• • •

끝을 길게 남긴 상태로 실을 발등 중앙에 새로 잇고, 주위를 둘러가며 빼뜨기해준 다음 다시 끝을 길게 남기고 자릅니다. ❸ 양쪽으로 남긴 끈은 발등을 조여 묶는 끈으로 활용합니다.

레 벨	2단계
사이즈	0–6개월: 발바닥 길이 9cm
	6–12개월: 발바닥 길이 10cm
	(수치가 서로 다를 경우 6–12개월은 [ ]로 표시)
실 색상	바탕살: 연두, 배색살: 크림색/노랑
바 늘	3.25mm 또는 5호
준비물	돗바늘
게이지	5×5cm에 짧은뜨기 10코 10단
뜨개법	바닥패턴1(140쪽 참조)

바닥패턴1(140쪽 참조)
1단: 사슬뜨기 11[13]번 ➡ 사슬코에서 3번째 사슬에 긴뜨기 1번 ➡ 다음 7[9]개 사슬에 각각 긴뜨기 1번씩 ➡ 마지막 사슬에 긴뜨기 6번 ➡ (반대쪽) ➡ 다음 7[9]개 사슬에 각각 긴뜨기 1번씩 ➡ 마지막 사슬에 긴뜨기 5번 ➡ 처음 긴뜨기 코에 빼뜨기하여 연결

2단: 사슬뜨기 1번 ➡ 다음 8[10]코에 각각 긴뜨기 1번씩 ➡ 다음 5코에 각각 긴뜨기 2번씩 ➡ 다음 8[10]코에 각각 긴뜨기 1번씩 ➡ 다음 5코에 각각 긴뜨기 2번씩 ➡ 처음 긴뜨기 코에 빼뜨기하여 연결

3단: 사슬뜨기 1번 ➡ 다음 8[10]코에 각각 긴뜨기 1번씩 ➡ *(다음 코에 긴뜨기 2번 ➡ 다음 코에 긴뜨기 1번) ➡ *을 4번 더 반복 ➡ 다음 8[10]코에 각각 긴뜨기 1번씩 ➡ *을 5번 더 반복 ➡ 처음 긴뜨기 코에 빼뜨기하여 연결

실 새로 잇기(139쪽 참조)
사슬코를 만들 때처럼 새 실로 고리를 만들고 새롭게 떠나갈 코에 바늘을 넣은 다음 만들어 둔 실 고리를 걸어 빼기

daisy chain
mary janes
꽃 스트랩 슈즈

데이지 꽃이 단추 역할을 하는 그린 스트랩 슈즈입니다.
자연이 싱그러운 여름, 공원으로 나들이 갈 때 필수품이 될 거예요.

＊왼짝과 오른짝의 뜨는 법이 조금 다르니 주의하세요.

바닥 뜨기
바닥패턴1
(바탕실로 뜬 다음 실을 끊지 않고 계속 이어서 몸통을 뜹니다.)

오른짝 몸통 뜨기

바닥을 뜨던 실로 계속 이어서 뜹니다.

1단: 사슬뜨기 1번 ⇒ 다음 46[50]코에 각각 짧은뜨기 1번씩 ⇒ 처음 짧은뜨기 코에 빼뜨기하여 연결

2단: 1단을 반복

3단: 사슬뜨기 1번 ⇒ 다음 6[7]코에 각각 짧은뜨기 1번씩 ⇒ 다음 2코 건너뛰기 ⇒ 다음 14[16]코에 각각 한길긴뜨기 1번씩 ⇒ 다음 2코 건너뛰기 ⇒ 다음 22[23]코에 각각 짧은뜨기 1번씩 ⇒ 처음 짧은뜨기 코에 빼뜨기하여 연결 ❶

4단: 사슬뜨기 1번 ⇒ 다음 6[7]코에 각각 짧은뜨기 1번씩 ⇒ 다음 2코 건너뛰기 ⇒ 다음 10[12]코에 각각 한길긴뜨기 1번씩 ⇒ 다음 2코 건너뛰기 ⇒ 다음 22[23]코에 각각 짧은뜨기 1번씩 ⇒ 처음 짧

은뜨기 코에 빼뜨기하여 연결

5단: 사슬뜨기 1번 ⇒ 다음 6[7]코에 각각 짧은뜨기 1번씩 ⇒ *{다음 한길긴뜨기 코 건너뛰기 ⇒ 다음 한길긴뜨기 코에 짧은뜨기 1번} ⇒ *을 4[5]번 더 반복 ⇒ 다음 8[9]코에 각각 짧은뜨기 1번씩 ⇒ 다음 14코에 각각 긴뜨기 1번씩 ⇒ 처음 짧은뜨기 코에 빼뜨기하여 연결

6단: 사슬뜨기 1번 ⇒ 다음 19[22]코에 각각 짧은뜨기 1번씩 ⇒ *{다음 코 건너뛰기 ⇒ 그 다음 코에 짧은뜨기 1번} ⇒ *을 6번 더 반복 ⇒ 처음 짧은뜨기 코에 빼뜨기하여 연결 ❷

실을 끊지 않고 스트랩을 계속 이어 뜹니다.

스트랩: 다음 2코에 각각 빼뜨기 1번씩 ⇒ *{사슬뜨기 12번 ⇒ 사슬코에서 2번째 코에 짧은뜨기 1

tip

이 예제(17쪽)에서는 꽃을 떠서 단추처럼 고정하는 역할로 사용했지만, 단추를 꼭 달고 싶다면 꽃의 중앙 부분에 단추를 얹고 꿰매 붙이면 됩니다.

번 ➡ 다음 사슬들에 각각 짧은뜨기 1번씩 ➡ 다음 짧은뜨기 코에 빼뜨기} ➡ *을 2번 더 반복 ➡ 실을 끊고 마무리 ❸

왼짝 몸통 뜨기

1~6단까지는 오른짝 몸통과 동일하게 뜨고 실을 끊어 마무리합니다.

스트랩: 오른짝과 반대 방향에 실을 잇고 ❹ *{사슬뜨기 12번 ➡ 사슬코에서 2번째 사슬에 짧은뜨기 1번 ➡ 다음 사슬들에 각각 짧은뜨기 1번씩 ➡ 다음 짧은뜨기 코에 빼뜨기} ➡ *을 2번 더 반복 ➡ 실을 끊고 마무리 ❺

스트랩에 고리 달기

만들어둔 스트랩 세 가닥을 땋은 다음 돗바늘로 세 스트랩을 꿰매 고정하기 ❻ ➡ 돗바늘을 뺀 후 스트랩 한쪽 끝코에 코바늘을 넣었다가 실을 감아 빼기 ❼ ➡ 사슬뜨기를 6번 한 다음 반대편 끝에 빼뜨기하여 고리 만들기 ❽ ➡ 만들어진 고리 안에 바늘을 넣어 짧은뜨기 8번 ➡ 실을 끊고 마무리 ❾

스트랩을 땋을 때 너무 팽팽하게 땋으면 코바늘뜨기 무늬가 보이지 않으므로 적당히 느슨하게 땋아줍니다. 이런 점은 특히 넓은 스트랩을 뜰 때 주의해야 합니다.

발등에 포인트 주기

발등 중앙 부분 7코를 표시한 후 배색실(크림색)을 해당 부분 가장 오른쪽 끝에 잇고 다음과 같이 뜹니다.

1단: *{사슬뜨기 4번 ➡ 다음 짧은뜨기 코에 빼뜨기 1번} ➡ *을 5번 더 반복 ➡ 실을 끊고 마무리 ❿

꽃 뜨기

배색실(노랑)로 다음과 같이 뜹니다.

사슬뜨기로 원형코 만들기: 사슬뜨기 4번 ➡ 처음 사슬에 빼뜨기하여 연결(135쪽 '빼뜨기' 참조)

1단: 사슬뜨기 1번 ➡ 링 안에 바늘을 넣어 짧은뜨기 9번(136쪽 '기초 사슬로 원형 뜨기' 참조) ➡ 다른 배색실(크림색)로 바꾸기(136쪽 '중간에 실 바꾸기' 참조) ➡ 처음 짧은뜨기 코에 빼뜨기하여 연결

2단: *{사슬뜨기 3번 ➡ 다음 코에 빼뜨기} ➡ *을 8번 더 반복(총 9개의 꽃잎이 만들어짐) ➡ 실을 끊고 마무리 ⓫

완성된 꽃은 신발 바깥쪽, 스트랩 끝이 놓이는 위치에 달아서 단추의 역할을 하도록 합니다.

레 벨	2단계
사이즈	0–6개월: 발바닥 길이 9cm
	6–12개월: 발바닥 길이 10cm
	(수치가 서로 다를 경우 6–12개월은 [ ]로 표시)
실 색상	바탕실: 밝은 파랑, 배색실: 흰색
바 늘	3.25mm 또는 5호
게이지	5×5cm에 짧은뜨기 10코 10단
뜨개법	**바닥패턴1**(140쪽 참조)

바닥패턴1(140쪽 참조)
1단: 사슬뜨기 11[13]번 ➡ 사슬코에서 3번째 사슬에 긴뜨기 1번 ➡ 다음 7[9]개 사슬에 각각 긴뜨기 1번씩 ➡ 마지막 사슬에 긴뜨기 6번 ➡ (반대쪽) ➡ 다음 7[9]개 사슬에 각각 긴뜨기 1번씩 ➡ 마지막 사슬에 긴뜨기 5번 ➡ 처음 긴뜨기 코에 빼뜨기하여 연결
2단: 사슬뜨기 1번 ➡ 다음 8[10]코에 각각 긴뜨기 1번씩 ➡ 다음 5코에 각각 긴뜨기 2번씩 ➡ 다음 8[10]코에 각각 긴뜨기 1번씩 ➡ 다음 5코에 각각 긴뜨기 2번씩 ➡ 처음 긴뜨기 코에 빼뜨기하여 연결
3단: 사슬뜨기 1번 ➡ 다음 8[10]코에 각각 긴뜨기 1번씩 ➡ *{다음 코에 긴뜨기 2번 ➡ 다음 코에 긴뜨기 1번} ➡ *을 4번 더 반복 ➡ 다음 8[10]코에 각각 긴뜨기 1번씩 ➡ *을 5번 더 반복 ➡ 처음 긴뜨기 코에 빼뜨기하여 연결

이중바닥(140쪽 참조)
바닥을 2장 뜨기 ➡ 한 장은 실을 끊고, 다른 한 장은 실을 남겨두기 ➡ 바닥 2장을 안과 안이 마주하게 놓고, 바깥쪽에서 실을 끌어낸 다음 빼뜨기로 둘러가며 바닥 2장을 연결

실 새로 잇기(139쪽 참조)
사슬코를 만들 때처럼 새 실로 고리를 만들고 새롭게 떠나갈 코에 바늘을 넣은 다음 만들어 둔 실 고리를 걸어 빼기

한길긴뜨기 앞걸어뜨기(137쪽 참조)
바늘에 실을 감고 (머리 사슬이 아닌) 기둥(혹은 다리)을 앞쪽에서 뒤쪽으로 주운 다음 다시 실을 감아 빼내기 ➡ 실을 감아 바늘의 고리를 2개씩 2번에 걸쳐 빼내기

한길긴뜨기 뒤걸어뜨기(137쪽 참조)
바늘에 실을 감고 (머리 사슬이 아닌) 기둥(혹은 다리)을 뒤쪽에서 앞쪽으로 주운 다음 다시 실을 감아 빼내기 ➡ 실을 감아 바늘의 고리를 2개씩 2번에 걸쳐 빼내기

한길긴뜨기 2코 모아뜨기(137쪽 참조)
*{바늘에 실을 감아 코에 바늘 넣기 ➡ 실을 감아 빼기 ➡ 실을 감아 바늘 위 고리 중 2개만 빼내기} ➡ 다음 코에 *을 반복 ➡ 마지막으로 실을 감아 바늘 위의 고리 3개를 모두 빼내기

classic slip-ons
슬립온

세상에서 가장 편한 신발, 슬립온이에요.
발등에 뜨기 무늬가 잘 보일 수 있도록
앞걸어뜨기를 활용했어요. 슬립온의 편안함을
잘 살리려면 파스텔 톤의 색상을
선택하는 것이 좋아요.

＊왼짝과 오른짝 모두 뜨는 법이 같아요.

바닥 뜨기
바닥패턴1의 이중바닥
(배색실로 뜬 다음 실을 끊어 매듭짓습니다.)

발등 뜨기

바닥의 발가락 쪽 중앙 7코를 표시해두고, 바탕실(밝은 파랑)을 표시해둔 코 중 가장 오른쪽 코에 잇습니다. 그리고 앞서 이중바닥을 만들면서 생긴 빼뜨기 머리 사슬 두 가닥을 주워서 다음과 같이 뜹니다.

1단: 사슬뜨기 1번 후 같은 코에 짧은뜨기 2번 ➡ 다음 (바닥의) 6코에 각각 짧은뜨기 2번씩 ➡ 다음 (바닥의) 빼뜨기 2코에 각각 빼뜨기 1번씩 ❶ ➡ 편물 돌리기

2단: (1단의) 빼뜨기 2코 건너뛰기 ➡ 다음 14코에 각각 한길긴뜨기 1번씩 ➡ 다음 (바닥의) 빼뜨기 1코 건너뛰기 ➡ 다음 (바닥의) 빼뜨기 2코에 각각 빼뜨기 1번씩 ➡ 편물 돌리기

3단: (2단의) 빼뜨기 2코 건너뛰기 ➡ *{다음 코에 한길긴뜨기 앞걸어뜨기 1번 ➡ 다음 코에 한길긴뜨기 뒤걸어뜨기 1번} ➡ *을 6번 더 반복 ➡ (바닥의) 빼뜨기 1코 건너뛰기 ➡ (바닥의) 빼뜨기 2코에 각각 빼뜨기 1번씩 ❷ ➡ 편물 돌리기

4단: (3단의) 빼뜨기 2코 건너뛰기 ➡ *{다음 코에 한길긴뜨기 뒤걸어뜨기 1번 ➡ 다음 코에 한길긴뜨기 앞걸어뜨기 1번} ➡ *을 6번 더 반복 ➡ (바닥의) 빼뜨기 1코 건너뛰기 ➡ (바닥의) 빼뜨기 2코에 각각 빼뜨기 1번씩 ➡ 편물 돌리기

5–6단: 3단과 4단 반복

7단: (6단의) 빼뜨기 2코 건너뛰기 ➡ 다음 14코에 각각 짧은뜨기 1번씩 ❸

계속해서 뒤꿈치와 옆쪽을 이어서 뜹니다.

뒤꿈치와 옆쪽 뜨기

1단: (바닥의) 22[26]코에 각각 짧은뜨기 1번씩 ➡ (발등의) 짧은뜨기 코에 빼뜨기 ➡ 편물 돌리기 ❹

2단: 빼뜨기 1코 건너뛰기 ➡ 다음 22[26]코에 각각 짧은뜨기 1번씩 ➡ (발등의) 짧은뜨기 코에 빼뜨기하여 연결 ➡ 편물 돌리기

3–5단: 2단 3번 더 반복하여 뜨기 ❺

6단: 빼뜨기 1코 건너뛰기 ➡ 다음 5[6]코에 각각 짧은뜨기 1번씩 ➡ 한길긴뜨기 2코 모아뜨기 6[7]번 ➡ 다음 5[6]코에 각각 짧은뜨기 1번씩 ➡ (발등의) 짧은뜨기 코에 빼뜨기 ➡ 편물 돌리기 ❻

몸통 전체 돌아가며 테두리 뜨기

1단: 빼뜨기 1코 건너뛰기 ➡ 다음 16[19]코에 각각 짧은뜨기 1번씩 ➡ (발등의) 다음 코에 빼뜨기 1번 ➡ 편물을 돌리지 말고 (발등의) 다음 3코에 각각 짧은뜨기 1번씩 ➡ 다음 코에 한길긴뜨기 5번 ➡ 다음 3코에 각각 짧은뜨기 1번씩 ➡ 다음 코에 빼뜨기 1번 ❼ ➡ 실을 끊고 마무리

tip

이 책에서는 한길긴뜨기 앞걸어뜨기/뒤걸어뜨기로 발등 무늬를 만들었지만, 짧은뜨기 등 자신이 원하는 방법이 있다면 14코가 유지되게 바꾸어 뜨면 됩니다. 그러면 발등에 보이는 무늬가 완전히 달라지겠지요.

레 벨	2단계
사이즈	0–6개월: 발바닥 길이 9cm
	6–12개월: 발바닥 길이 10cm
	(수치가 서로 다를 경우 6–12개월은 [ ]로 표시)
실 색상	핑크
바 늘	3,25mm 또는 5호
준비물	돗바늘
게이지	5×5cm에 짧은뜨기 10코 10단
뜨개법	셸 뜨기(138쪽 참조)
	한 코에 (한길긴뜨기 1번, 사슬뜨기 2번, 한길긴뜨기 1번, 사슬뜨기 2번, 한길긴뜨기 1번)을 뜨기

point shoes
토슈즈

프리마돈나 발레리나가 신는 토슈즈예요.
이 슈즈는 바닥을 따로 뜨지 않고
발가락 끝쪽부터 통으로 뜬답니다.

＊왼짝과 오른짝 모두 뜨는 법이 같아요.

앞쪽(발가락) 뜨기

사슬뜨기로 원형코 만들기: 사슬뜨기 4번 ➡ 처음 사슬에 빼뜨기하여 연결(135쪽 '빼뜨기' 참조)

1단: 사슬뜨기 3번(첫 번째 한길긴뜨기로 간주) ➡ 링 안에 바늘을 넣어 한길긴뜨기 23번(136쪽 '기초 사슬로 원형 뜨기' 참조) ➡ 처음 뜬 사슬 3개 중 3번째 사슬에 빼뜨기하여 연결 ❶

2단: 사슬뜨기 1번 ➡ *{다음 2코 건너뛰기 ➡ 다음 코에 셸 뜨기 ➡ 다음 2코 건너뛰기 ➡ 다음 코에 짧은뜨기 1번} ➡ *을 3번 더 반복하되 마지막 회차에서 짧은뜨기 대신 빼뜨기로 처음 떴던 사슬과 연결 ❷

3단: 사슬뜨기 5번 후 같은 코에 한길긴뜨기 1번 ➡ *{다음 셸의 2번째 한길긴뜨기 코에 짧은뜨기 1번 ➡ 다음 짧은뜨기 코에 셸 뜨기} ➡ *을 2번 더 반복 ➡ 다음 셸의 2번째 한길긴뜨기 코에 짧은뜨기 1번 ➡ (3단의) 처음 한길긴뜨기 코와 같은 코에 한길긴뜨기 1번 ➡ 사슬뜨기 2번 ➡ 처음 뜬 사슬 5개 중 3번째 사슬에 빼뜨기하여 연결

4단: 사슬뜨기 1번 ➡ *{다음 짧은뜨기 코에 셸 뜨기 ➡ 다음 셸의 2번째 한길긴뜨기 코에 짧은뜨기 1번} ➡ *을 3번 더 반복하되 마지막 회차에서 짧은뜨기 대신 빼뜨기로 처음 떴던 사슬과 연결 ➡ 3단과 4단을 1[2]번씩 반복 ❸

실을 끊지 않고 계속해서 옆쪽을 뜹니다.

중간 부분 뜨기

1단: 사슬뜨기 1번 ➡ ##다음 18코에 각각 짧은뜨기 1번씩 ➡ 편물 돌리기(마지막 셸은 뜨지 않고 두기)
##한 셸당 6번, 즉 사슬뜨기 부분에서는 공간에, 한길긴뜨기 코에서는 사슬 머리에 뜹니다.

2단: 사슬뜨기 1번 ➡ 다음 18코에 각각 짧은뜨기 1번씩 ➡ 편물 돌리기

3–8단: 2단을 6번 더 반복 ➡ 실을 끊고 마무리 ❹

뒤쪽(뒤꿈치) 뜨기

중간 부분 마지막 단 왼쪽 끝에서 7번째 코에 새 실을 잇습니다.

1단: 사슬뜨기 1번 후 같은 코에 짧은뜨기 1번 ➡ 다음 5코에 각각 짧은뜨기 1번씩 ➡ 다음 2코에 각각 빼뜨기 1번씩 ➡ 편물 돌리기 ❺

2단: 빼뜨기 2코 건너뛰기 ➡ 다음 짧은뜨기 6코에 각각 짧은뜨기 1번씩 ➡ 중간 부분 마지막 단에서 뜨지 않고 남겨 두었던 부분의 짧은뜨기 2코에 각각 빼뜨기 1번씩 ➡ 편물 돌리기 ❻

3-4단: 2단을 2번 더 반복

5단: 빼뜨기 2코 건너뛰기 ➡ 다음 짧은뜨기 6코에 각각 짧은뜨기 1번씩 ➡ 다음 (중간 부분 마지막 단) 짧은뜨기 코에 빼뜨기 1번 ➡ 편물 돌리기

6단: 빼뜨기 코 건너뛰기 ➡ 다음 짧은뜨기 6코 각각에 짧은뜨기 1번씩 ➡ 다음 (중간 부분 마지막 단) 짧은뜨기 코에 빼뜨기 1번 ➡ 편물 돌리기

7-8단: 6단을 2번 더 반복 ❼

9단(원통뜨기 형태가 됨): 사슬뜨기 1번 ➡ 전체를 둘러가며 짧은뜨기 1번씩 ➡ 처음 짧은뜨기 코에 빼뜨기하여 연결 ➡ 실을 끊고 마무리

끈 뜨기

새 실로 사슬뜨기를 40번 한 후 옆쪽과 뒤꿈치가 만나는 모서리 부분에 짧은뜨기로 연결 ❽ ➡ 다음 5코에 각각 짧은뜨기 1번씩 ➡ 사슬뜨기 40번 ➡ 실을 끊고 마무리 ❾

레 벨	2단계

사 이 즈
0–6개월: 발바닥 길이 9cm
6–12개월: 발바닥 길이 10cm
(수치가 서로 다를 경우 6–12개월은 [ ]로 표시)

실 색 상
바탕실: 크림색
배색실: 진한 갈색(가는 실 추천)

바 늘
3.25mm 또는 5호.

준 비 물
돗바늘

게 이 지
5×5cm에 짧은뜨기 10코 10단

뜨 개 법

바닥패턴1(140쪽 참조)
1단: 사슬뜨기 11[13]번 ➡ 사슬코에서 3번째 사슬에 긴뜨기 1번 ➡ 다음 7[9]개 사슬에 각각 긴뜨기 1번씩 ➡ 마지막 사슬에 긴뜨기 6번 ➡ (반대쪽) ➡ 다음 7[9]개 사슬에 각각 긴뜨기 1번씩 ➡ 마지막 사슬에 긴뜨기 5번 ➡ 처음 긴뜨기 코에 빼뜨기하여 연결
2단: 사슬뜨기 1번 ➡ 다음 8[10]코에 각각 긴뜨기 1번씩 ➡ 다음 5코에 각각 긴뜨기 2번씩 ➡ 다음 8[10]코에 각각 긴뜨기 1번씩 ➡ 다음 5코에 각각 긴뜨기 2번씩 ➡ 처음 긴뜨기 코에 빼뜨기하여 연결
3단: 사슬뜨기 1번 ➡ 다음 8[10]코에 각각 긴뜨기 1번씩 ➡ *{다음 코에 긴뜨기 2번 ➡ 다음 코에 긴뜨기 1번}➡ 을 4번 더 반복 ➡ 다음 8[10]코에 각각 긴뜨기 1번씩 ➡ *을 5번 더 반복 ➡ 처음 긴뜨기 코에 빼뜨기하여 연결

이중바닥(140쪽 참조)
바닥을 2장 뜨기 ➡ 한 장은 실을 끊고, 다른 한 장은 실을 남겨두기 ➡ 바닥 2장을 안과 안이 마주하게 놓고, 바깥쪽에서 실을 끌어낸 다음 빼뜨기로 둘러가며 바닥 2장을 연결

실 새로 잇기(139쪽 참조)
사슬코를 만들 때처럼 새 실로 고리를 만들고 새롭게 떠나갈 코에 바늘을 넣은 다음 만들어 둔 실 고리를 걸어 빼기

짧은뜨기 2코 모아뜨기(136쪽 참조)
*{코에 바늘 넣기 ➡ 실을 감아 빼기}➡ 다음 코에 *을 반복 ➡ 실을 감아 바늘 위의 고리 3개를 모두 빼내기

꼬인실 만들기(139쪽 참조)
실을 반으로 접고 한쪽을 고리나 문손잡이에 건 다음 나머지 한쪽 끝을 한 방향으로 비벼서 꼬임을 만든 후 고리에 걸어두었던 실을 걸어 내고 다시 반으로 접기

brogues
브로그

뒤꿈치 부분에 배색실을 덧댄,
멋쟁이 신사처럼 클래식한
투 톤 브로그를 떠보세요.
실을 꼬아 달아놓은 리본이 귀여운
포인트가 된답니다.

*왼짝과 오른짝 모두 뜨는 법이 같아요.

바닥 뜨기
바닥패턴1의 이중바닥
(바탕실로 뜬 다음 실을 끊어 매듭짓습니다.)

발등 뜨기

바닥의 발가락 쪽 중앙 7코를 표시해두고, 배색실(진한 갈색)을 표시해둔 코 중 가장 오른쪽 코에 잇습니다. 그리고 앞서 이중바닥을 만들면서 생긴 빼뜨기 머리 사슬 두 가닥을 주워서 다음과 같이 뜹니다.

1단: 사슬뜨기 1번 후 같은 코에 짧은뜨기 2번 ➡ 다음 (바닥의) 6코에 각각 짧은뜨기 2번씩 ➡ ##다음 (바닥의) 빼뜨기 2코에 각각 빼뜨기 1번씩 ➡ 편물 돌리기(20쪽 슬립온 그림❶ 참조)
##바닥의 빼뜨기 머리사슬이 보이지 않도록 주의

2단: (1단의) 빼뜨기 2코 건너뛰기 ➡ 다음 14코에 각각 짧은뜨기 1번씩 ➡ 다음 (바닥의) 빼뜨기 1코 건너뛰기 ➡ 다음 (바닥의) 빼뜨기 코에 빼뜨기 1번 ➡ 편물 돌리기

3단: (2단의) 빼뜨기 1코 건너뛰기 ➡ 다음 14코에 각각 짧은뜨기 1번씩 ➡ 다음 (바닥의) 빼뜨기 1코 건너뛰기 ➡ 다음 (바닥의) 빼뜨기 코에 빼뜨기 1번 ➡ 편물 돌리기

4-6단: 3단을 3[5]번 더 반복 ➡ 실을 끊고 마무리 ❶

옆쪽과 뒤꿈치 뜨기

뒤꿈치 중앙 코에 바탕실(크림색)을 잇고(양쪽으로 13코씩 있게 됨), 이중바닥을 만들면서 생긴 빼뜨기의 머리 사슬 뒤쪽 한 가닥을 주워서 다음과 같이 뜹니다.

1단: 사슬뜨기 1번 후 그 코는 건너뛰기 ➡ 다음 13코에 각각 짧은뜨기 1번씩 ➡ (발등의) 빼뜨기 1코 건너뛰기 ➡ (발등의) 짧은뜨기 코에 짧은뜨기 1번 ➡ 다음 코에 짧은뜨기 1번 ➡ *(발등을 따라) 짧은뜨기 2코 모아뜨기 ➡ 다음 2코에 각각 짧은뜨기 1번씩▸ ➡ *을 2번 더 반복 ➡ 다음 13코에 각각 짧은뜨기 1번씩 ➡ 처음 짧은뜨기 코에 빼뜨기하여 연결 ❷

2단: 사슬뜨기 1번 ➡ 다음 13코에 각각 짧은뜨기 1번씩 ➡ 다음 코 건너뛰기 ➡ 다음 9코에 각각 짧은뜨기 1번씩 ➡ 다음 코 건너뛰기 ➡ 다음 13코에 각각 짧은뜨기 1번씩 ➡ 처음 짧은뜨기 코에 빼뜨기하여 연결

3단: 사슬뜨기 3번(첫 번째 한길긴뜨기로 간주) ➡ 다음 10코에 각각 한길긴뜨기 1번씩 ➡ 다음 3코에 각

각 짧은뜨기 1번씩 ➡ 다음 코 건너뛰기 ➡ 다음 7
코에 각각 짧은뜨기 1번씩 ➡ 다음 코 건너뛰기 ➡
다음 3코에 각각 짧은뜨기 1번씩 ➡ 다음 10코에
각각 한길긴뜨기 1번씩 ➡ 처음 뜬 사슬 3개 중 3
번째 사슬에 빼뜨기하여 연결 ❸

4단: 사슬뜨기 1번 ➡ 다음 13코에 각각 짧은뜨기
1번씩 ➡ 다음 코 건너뛰기 ➡ 다음 5코에 각각 짧
은뜨기 1번씩 ➡ 다음 코 건너뛰기 ➡ 다음 13코에
각각 짧은뜨기 1번씩 ➡ 처음 짧은뜨기 코에 빼뜨
기하여 연결

5단: 사슬뜨기 1번 ➡ 다음 13코에 각각 짧은뜨기
1번씩 ➡ 다음 코 건너뛰기 ➡ 다음 3코에 각각 짧
은뜨기 1번씩 ➡ 다음 코 건너뛰기 ➡ 다음 13코에
각각 짧은뜨기 1번씩 ➡ 처음 짧은뜨기 코에 빼뜨
기하여 연결 ➡ 실을 끊고 마무리

뒤꿈치 덧댐

발등 끝에서 여섯 번째 코(그림❹ 참조)에 배색실(진
한 갈색)을 잇고, 앞서 이중바닥을 만들면서 생긴
빼뜨기 사슬 앞쪽 한 가닥을 주워서 다음과 같이
뜹니다.

1단: 사슬뜨기 1번 후 같은 코에 짧은뜨기 1번 ➡
다음 16코에 각각 짧은뜨기 1번씩 ➡ 편물 돌리기
❹

2단: 사슬뜨기 1번 ➡ 다음 코 건너뛰기 ➡ 2코 남
을 때까지 이후 모든 코에 짧은뜨기 1번씩 ➡ 다음
코 건너뛰기 ➡ 마지막 코에 짧은뜨기 1번 ➡ 편물
돌리기

3-8단: 2단을 6번 더 반복 ➡ 실을 끊고 마무리

배색실(진한 갈색)을 첫 번째 단 첫 번째 코에 잇고
덧댄 뒤꿈치의 위쪽 라인을 따라 짧은뜨기를 한
다음 뜨기가 끝나면 실을 끊어 매듭짓습니다. ❺

돗바늘에 배색실(진한 갈색)을 꿰고 백 스티치(139
쪽 참조)로 덧댄 뒤꿈치를 바탕실(크림색)로 뜬 뒤
꿈치 부분에 꿰맵니다. ❻ 이때 꿰맨 실이 보이지
않도록 조금씩 떠서 꿰매줍니다.

* * *

마지막으로 배색실(진한 갈색)로 35cm 길이의 꼬
인실을 준비하고(139쪽 참조) 코바늘을 이용해 발
등 쪽에 단 다음 리본을 묶어줍니다.

레 벨	2단계
사이즈	0–6개월: 발바닥 길이 9cm
	6–12개월: 발바닥 길이 10cm
	(수치가 서로 다를 경우 6–12개월은 [ ]로 표시)
실 색상	크림색(아란같은 굵은 실 추천)
바 늘	3.5mm 또는 6호
준비물	단추 2개(돗바늘 혹은 단추를 달 바늘)
게이지	5×5cm에 짧은뜨기 9코 9단

뜨개법

바닥패턴2(140쪽 참조)

1단: 사슬뜨기 9[11]번 ➡ 사슬코에서 3번째 사슬에 긴뜨기 1번 ➡ 다음 5[7]코에 각각 긴뜨기 1번씩 ➡ 마지막 사슬에 긴뜨기 6번 ➡ (반대쪽) 다음 5[7]코에 각각 긴뜨기 1번씩 ➡ 마지막 사슬에 긴뜨기 5번 ➡ 처음 긴뜨기 코에 빼뜨기하여 연결

2단: 사슬뜨기 1번 ➡ 다음 6[8]코에 각각 긴뜨기 1번 ➡ 다음 5코에 각각 긴뜨기 2번씩 ➡ 다음 6[8]코에 각각 긴뜨기 1번씩 ➡ 다음 5코에 각각 긴뜨기 2번씩 ➡ 처음 긴뜨기 코에 빼뜨기하여 연결

3단: 사슬뜨기 1번 ➡ 다음 6[8]코에 각각 긴뜨기 1번씩 ➡ *{다음 코에 긴뜨기 2번 ➡ 다음 코에 긴뜨기 1번} ➡ *을 4번 더 반복 ➡ 다음 6[8]코에 각각 긴뜨기 1번씩 ➡ *을 5번 더 반복 ➡ 처음 긴뜨기 코에 빼뜨기하여 연결

구슬뜨기(138쪽 참조)

*{바늘에 실을 감아 코에 바늘 넣기 ➡ 실을 감아 빼기 ➡ 실을 감아 바늘 위의 고리 2개 빼기} ➡ *을 같은 코에 2번 더 반복 ➡ 실을 감아 바늘 위의 고리 4개 모두 빼내기

구슬뜨기 셸(138쪽 참조)

한 코에 {구슬뜨기 1번, 사슬뜨기 3번, 구슬뜨기 1번, 사슬뜨기 3번, 구슬뜨기 1번, 사슬뜨기 3번, 구슬뜨기 1번}

cutwork shoes
컷워크 슈즈

아주 작고 앙증맞은 신발이에요.
실 색상과 단추 색상에 변화를 주면서 개성 있게
연출해도 좋아요. 반짝이는 단추를 달면 더 예쁘겠죠?

＊왼짝과 오른짝의 뜨는 법이 조금 다르니 주의하세요.

바닥 뜨기

바닥패턴2
(뜨기가 끝나면 실을 끊지 않고 계속 이어서 몸통을 뜹니다.)

오른짝 몸통 뜨기

1단: (머리 사슬 뒤쪽 한 가닥 주워 뜨기) 사슬뜨기 1번 ➡ 다음 42[46]코에 각각 짧은뜨기 1번씩 ➡ 처음 짧은뜨기 코에 빼뜨기하여 연결

2단: 사슬뜨기 1번 ➡ (머리 사슬 두 가닥 주워 뜨기) 다음 42[46]코에 각각 짧은뜨기 1번씩 ➡ 처음 짧은뜨기 코에 빼뜨기하여 연결

3단: 사슬뜨기 1번 ➡ 다음 9[11]코에 각각 짧은뜨기 1번씩 ➡ 다음 3코 건너뛰기 ➡ 다음 코에 구슬뜨기 셸 ➡ 다음 3코 건너뛰기 ➡ 다음 26[28]코에 각각 짧은뜨기 1번씩 ➡ 처음 짧은뜨기 코에 빼뜨기하여 연결 ❶

4단: 사슬뜨기 1번 ➡ 다음 6[8]코에 각각 짧은뜨기 1번씩 ➡ 사슬뜨기 1번 ➡ 다음 짧은뜨기 3코 건너뛰기 ➡ *(이전 단의 구슬뜨기 셸 중 구슬뜨기 부분 건너뛰기 ➡ 사슬뜨기로 생긴 아래 공간에 짧은뜨기 1번 ➡ 사슬뜨기 1번) ➡ *을 2번 더 반복 ➡ 마지막 구슬뜨기 부분 건너뛰기 ➡ 다음 짧은뜨기 3코 건너뛰기 ➡ 다음 23[25]코에 각각 짧은뜨기 1번씩 ➡ 처음 짧은뜨기 코에 빼뜨기하여 연결 ❷

5단: 사슬뜨기 1번 ➡ 다음 4[5]코에 각각 짧은뜨기 1번씩 ➡ 사슬뜨기 3번 ➡ 다음 5[6]코 건너뛰

기(이전 단에서 중간에 뜬 사슬 1개도 코로 간주) ➡ 다음 짧은뜨기 코에 짧은뜨기 1번 ➡ 사슬뜨기 3번 ➡ 다음 5[6]코 건너뛰기(사슬 1개도 코로 간주) ➡ 다음 21[22]코에 각각 짧은뜨기 1번씩 ➡ 처음 짧은뜨기 코에 빼뜨기하여 연결

스트랩을 다음과 같이 이어서 뜹니다.

스트랩: 사슬뜨기 14[16]번 ➡ 사슬코에서 7번째 사슬에 짧은뜨기 1번 ➡ 다음 사슬들에 각각 짧은뜨기 1번씩 ➡ 다음 짧은뜨기 코에 빼뜨기 1번 ➡ 실을 끊고 마무리 ❸

왼쪽 몸통 뜨기

1–4단: 오른쪽 몸통과 같은 방법으로 뜨기

5단: 사슬뜨기 1번 ➡ 다음 4[5]코에 각각 짧은뜨기 1번씩 ➡ 사슬뜨기 3번 ➡ 다음 5[6]코 건너뛰기(사슬 1개도 코로 간주) ➡ 다음 짧은뜨기 코에 짧은뜨기 1번 ➡ 사슬뜨기 3번 ➡ 다음 5[6]코 건너뛰기(사슬 1개도 코로 간주) ➡ 다음 5[6]코에 각각 짧은뜨기 1번씩

스트랩을 다음과 같이 이어서 뜹니다.

스트랩: 사슬뜨기 14[16]번 ➡ 사슬코에서 7번째 사슬에 짧은뜨기 1번 ➡ 다음 사슬들에 각각 짧은뜨기 1번씩 ➡ 다음 짧은뜨기 코에 빼뜨기 1번 ➡ 다음 15[15]코에 각각 짧은뜨기 1번씩 ➡ 첫 번째 사슬에 빼뜨기하여 연결 ➡ 실을 끊고 마무리

• • •

30쪽 사진을 참고하여 신발에 단추를 답니다.

레 벨	1단계
사이즈	0–6개월: 발바닥 길이 9cm
	6–12개월: 발바닥 길이 10cm
	(수치가 서로 다를 경우 6–12개월은 [ ]로 표시)
실 색상	바탕실: 크림색
	배색실: 연두/빨강
바 늘	3.25mm 또는 5호
준비물	돗바늘
게이지	5×5cm에 짧은뜨기 10코 10단
뜨개법	**바닥패턴1**(140쪽 참조)

바닥패턴1(140쪽 참조)
1단: 사슬뜨기 11[13]번 ➡ 사슬코에서 3번째 사슬에 긴뜨기 1번 ➡ 다음 7[9]개 사슬에 각각 긴뜨기 1번씩 ➡ 마지막 사슬에 긴뜨기 6번 ➡ (반대쪽) ➡ 다음 7[9]개 사슬에 각각 긴뜨기 1번씩 ➡ 마지막 사슬에 긴뜨기 5번 ➡ 처음 긴뜨기 코에 빼뜨기하여 연결

2단: 사슬뜨기 1번 ➡ 다음 8[10]코에 각각 긴뜨기 1번씩 ➡ 다음 5코에 각각 긴뜨기 2번씩 ➡ 다음 8[10]코에 각각 긴뜨기 1번씩 ➡ 다음 5코에 각각 긴뜨기 2번씩 ➡ 처음 긴뜨기 코에 빼뜨기하여 연결

3단: 사슬뜨기 1번 ➡ 다음 8[10]코에 각각 긴뜨기 1번씩 ➡ *{다음 코에 긴뜨기 2번 ➡ 다음 코에 긴뜨기 1번} ➡ *을 4번 더 반복 ➡ 다음 8[10]코에 각각 긴뜨기 1번씩 ➡ *을 5번 더 반복 ➡ 처음 긴뜨기 코에 빼뜨기하여 연결

짧은뜨기 2코 모아뜨기(137쪽 참조)
*{코에 바늘 넣기 ➡ 실을 감아 빼기} ➡ 다음 코에 *을 반복 ➡ 실을 감아 바늘 위의 고리 3개를 모두 빼내기

실 새로 잇기(139쪽 참조)
사슬코를 만들 때처럼 새 실로 고리를 만들고 새롭게 떠나갈 코에 바늘을 넣은 다음 만들어둔 실 고리를 걸어 빼기

cherry slippers
체리 슬리퍼

귀여운 크림색 신발에 연두색 실로 배색하여 두르고 발등에 빨강색 실로 뜬 체리를 달면 예쁜 체리가 달린 귀여운 신발이 돼요.

＊왼짝과 오른짝 모두 뜨는 법이 같아요.

바닥 뜨기
바닥패턴1
(바탕실로 뜬 다음 실을 끊지 않고 계속 이어서 몸통을 뜹니다.)

몸통 뜨기
바탕실(크림색)로 다음과 같이 뜹니다.
1단: (머리 사슬 뒤쪽 한 가닥 주워 뜨기) 사슬뜨기 1번 ➡ 다음 45[49]코에 각각 짧은뜨기 1번 ➡ 처음 짧은뜨기 코에 빼뜨기하여 연결

2-4단: (머리 사슬 두 가닥 주워 뜨기) 1단을 반복해서 뜨기 ❶

5단: 사슬뜨기 1번 ➡ 다음 4[6]코에 각각 짧은뜨기 1번씩 ➡ 짧은뜨기 2코 모아뜨기 11[11]번 ➡ 다음 19[21]코에 각각 짧은뜨기 1번씩 ➡ 처음 짧은뜨기 코에 빼뜨기하여 연결 ❷

6단: 배색실(연두)로 바꾸기(137쪽 '중간에 실 바꾸기' 참조) ➡ 사슬뜨기 1번 ➡ 다음 3[5]코에 각각 짧은뜨기 1번씩 ➡ 사슬뜨기 5번 ➡ 다음 6코 건너뛰기 ➡ 다음 코에 짧은뜨기 1번 ➡ 사슬뜨기 5번 ➡ 다음 6코 건너뛰기 ➡ 다음 코에 빼뜨기 ❸ ➡ 편물 돌리기 ➡ 사슬뜨기 5번 ➡ (이전 단의) 사슬 5개 건너뛰기 ➡ 다음 짧은뜨기 코에 짧은뜨기 1번 ➡ 사슬뜨기 5번 ➡ (이전 단의) 사슬 5개 건너뛰기 ➡ 다음 짧은뜨기 코에 빼뜨기 1번 ❹ ➡ 편물 돌리기 ➡ 사슬뜨기 5번 ➡ (이전 단의) 사슬 5개 건

너뛰기 ➡ 다음 짧은뜨기 코에 짧은뜨기 ➡ 다음 17[19]코에 각각 짧은뜨기 1번씩 ➡ 처음 짧은뜨기 코에 빼뜨기하여 연결 ➡ 실을 끊고 마무리

체리 뜨기

배색실(빨강)로 총 4개를 뜹니다.

사슬뜨기로 원형코 만들기: 사슬뜨기 3번 ➡ 처음 사슬에 빼뜨기하여 연결(135쪽 '빼뜨기' 참조)

1단: 사슬뜨기 1번 ➡ 링 안에 바늘을 넣어 짧은뜨기 8번 (136쪽 '기초 사슬로 원형 뜨기' 참조) ➡ 처음 짧은뜨기 코에 빼뜨기하여 연결

실을 여유분을 조금 남기고 끊은 다음 돗바늘에 꿰어 신발 한 짝 당 두 개씩 달아줍니다.

레 벨	2단계
사이즈	0-6개월: 발바닥 길이 9cm
	6-12개월: 발바닥 길이 10cm
	(수치가 서로 다를 경우 6-12개월은 [ ]로 표시)
실 색상	바탕실: 연한 회색
	배색실: 더스키 핑크(회색을 띤 핑크)
바 늘	3.25mm 또는 5호
준비물	돗바늘
게이지	5×5cm에 짧은뜨기 10코 10단
뜨개법	**바닥패턴1**(140쪽 참조)

바닥패턴1(140쪽 참조)
1단: 사슬뜨기 11[13]번 ➡ 사슬코에서 3번째 사슬에 긴뜨기 1번 ➡ 다음 7[9]개 사슬에 각각 긴뜨기 1번씩 ➡ 마지막 사슬에 긴뜨기 6번 ➡ (반대쪽) ➡ 다음 7[9]개 사슬에 각각 긴뜨기 1번씩 ➡ 마지막 사슬에 긴뜨기 5번 ➡ 처음 긴뜨기 코에 빼뜨기하여 연결
2단: 사슬뜨기 1번 ➡ 다음 8[10]코에 각각 긴뜨기 1번씩 ➡ 다음 5코에 각각 긴뜨기 2번씩 ➡ 다음 8[10]코에 각각 긴뜨기 1번씩 ➡ 다음 5코에 각각 긴뜨기 2번씩 ➡ 처음 긴뜨기 코에 빼뜨기하여 연결
3단: 사슬뜨기 1번 ➡ 다음 8[10]코에 각각 긴뜨기 1번씩 ➡ *{다음 코에 긴뜨기 2번 ➡ 다음 코에 긴뜨기 1번}➡ *을 4번 더 반복 ➡ 다음 8[10]코에 각각 긴뜨기 1번씩 ➡ *을 5번 더 반복 ➡ 처음 긴뜨기 코에 빼뜨기하여 연결

짧은뜨기 2코 모아뜨기(137쪽 참조)
*{코에 바늘 넣기 ➡ 실을 감아 빼기} 다음 코에 ➡ *을 반복 ➡ 실을 감아 바늘 위의 고리 3개를 모두 빼내기

rosebud party pumps
장미꽃 펌프스

이 우아한 펌프스를 신고서는 파티에라도
가야 할 것 같아요!
꽃봉오리처럼 달려 있는 귀여운 핑크 로즈는
사실은 평면으로 뜬 다음 실로 꿰매 조인 거랍니다.

＊왼짝과 오른짝 모두 뜨는 법이 같아요.

바닥 뜨기

바닥패턴1
(바탕실로 뜬 다음 실을 끊지 않고 계속 이어서 몸통을 뜹니다.)

몸통 뜨기

완성된 바닥의 안쪽이 보이도록 한 다음 바탕실(연한 회색)로 다음과 같이 뜹니다.

1단: (머리 사슬 앞쪽 한 가닥 주워 뜨기) 사슬뜨기 1번 ➡ (바닥의) 빼뜨기 코에 짧은뜨기 1번 ➡ 이후 모든 코에 각각 짧은뜨기 1번씩 ➡ 처음 짧은뜨기 코에 빼뜨기하여 연결

2단: (머리 사슬 두 가닥 주워 뜨기) 사슬뜨기 1번 후 그 코는 건너뛰기 ➡ *{다음 코에 짧은뜨기 1번 ➡ 다음 코에 한길긴뜨기 1번} ➡ *을 22[24]번 더 반복 ➡ 처음 짧은뜨기 코에 빼뜨기하여 연결

3단: 사슬뜨기 1번 ➡ 다음 46[50]코에 각각 짧은뜨기 1번씩 ➡ 처음 짧은뜨기 코에 빼뜨기하여 연결

4단: 사슬뜨기 1번 ➡ *{다음 코에 짧은뜨기 1번 ➡ 다음 코에 한길긴뜨기 1번} ➡ *을 22[24]번 더 반복 ➡ 처음 짧은뜨기 코에 빼뜨기하여 연결

5단: 사슬뜨기 1번 ➡ 다음 22코에 각각 짧은뜨기 1번씩 ➡ 짧은뜨기 2코 모아뜨기 8[10]번 ➡ 다음 8코에 각각 짧은뜨기 1번씩 ➡ 처음 짧은뜨기 코에 빼뜨기하여 연결 ❶

6단: 사슬뜨기 1번 ➡ *{다음 코에 짧은뜨기 1번 ➡ 다음 코에 한길긴뜨기 1번} ➡ *을 18[19]번 더 반복 ➡ 처음 짧은뜨기 코에 빼뜨기하여 연결

7단: 사슬뜨기 1번 ➡ 다음 22[21]코에 각각 짧은뜨기 1번씩 ➡ 짧은뜨기 2코 모아뜨기 4[6]번 ➡ 다음 8[7]코에 각각 짧은뜨기 1번씩 ➡ 처음 짧은뜨기 코에 빼뜨기하여 연결

tip

바닥의 안쪽을 보면서 떠야 한다는 점을 명심해 주세요. 이 패턴이 제대로 완성되기 위한 중요한 포인트입니다.

8단: 사슬뜨기 1번 ➡ *{다음 코에 짧은뜨기 1번 ➡ 다음 코에 한길긴뜨기 1번} ➡ *을 16번 더 반복 ➡ 처음 짧은뜨기 코에 빼뜨기하여 연결

편물을 뒤집어 겉쪽이 보이도록 하고, ❷ 실을 끊지 않고 이어서 스트랩을 뜹니다.

스트랩 뜨기

사슬뜨기 25번 후 같은 코에 짧은뜨기 1번 ➡ 다음 15코(뒤꿈치 쪽으로 돌아가며)에 각각 짧은뜨기 1번씩 ➡ 사슬뜨기 25번 후 같은 코에 빼뜨기 1번 ➡ 실을 끊고 마무리 ❸

꽃 뜨기

배색실(더스키 핑크)로 다음과 같이 뜹니다.

기초 사슬: 사슬뜨기 20번

1단: 사슬코에서 4번째 사슬에 한길긴뜨기 3번 ➡ *{다음 사슬 건너뛰기 ➡ 다음 사슬에 (짧은뜨기 1번, 사슬뜨기 2번, 한길긴뜨기 3번)} ➡ 마지막 사슬 2개가 남을 때까지 *을 반복 ➡ 다음 사슬 건너뛰기 ➡ 마지막 사슬에 짧은뜨기 1번

실을 여유분을 조금 남기고 끊습니다. ❹ 돗바늘에 실을 꿰고 각 꽃잎의 베이스가 되는 사슬 한 가닥을 감듯이 엮어 입체 모양이 되도록 만든 다음 ❺ 완성된 신발에 꿰매 붙입니다. ❻

· · ·

36쪽 사진을 참고해 스트랩을 꽃에 걸어줍니다.

레 벨	3단계
사 이 즈	0–6개월: 발바닥 길이 9cm
	6–12개월: 발바닥 길이 10cm
	(수치가 서로 다를 경우 6–12개월은 [ ]로 표시)
실 색상	옥색
바 늘	3.25mm 또는 5호
준비물	단추 4개(돗바늘 혹은 단추를 달 바늘)
게이지	5×5cm에 짧은뜨기 10코 10단
뜨개법	바닥패턴1(140쪽 참조)

바닥패턴1(140쪽 참조)

1단: 사슬뜨기 11[13]번 ➡ 사슬코에서 3번째 사슬에 긴뜨기 1번 ➡ 다음 7[9]개 사슬에 각각 긴뜨기 1번씩 ➡ 마지막 사슬에 긴뜨기 6번 ➡ (반대쪽) ➡ 다음 7[9]개 사슬에 각각 긴뜨기 1번씩 ➡ 마지막 사슬에 긴뜨기 5번 ➡ 처음 긴뜨기 코에 빼뜨기하여 연결

2단: 사슬뜨기 1번 ➡ 다음 8[10]코에 각각 긴뜨기 1번씩 ➡ 다음 5코에 각각 긴뜨기 2번씩 ➡ 다음 8[10]코에 각각 긴뜨기 1번씩 ➡ 다음 5코에 각각 긴뜨기 2번씩 ➡ 처음 긴뜨기 코에 빼뜨기하여 연결

3단: 사슬뜨기 1번 ➡ 다음 8[10]코에 각각 긴뜨기 1번씩 ➡ *{다음 코에 긴뜨기 2번 ➡ 다음 코에 긴뜨기 1번} ➡ *을 4번 더 반복 ➡ 다음 8[10]코에 각각 긴뜨기 1번씩 ➡ *을 5번 더 반복 ➡ 처음 긴뜨기 코에 빼뜨기하여 연결

한길긴뜨기 2코 모아뜨기(137쪽 참조)

*{바늘에 실을 감아 코에 바늘 넣기 ➡ 실을 감아 빼기 ➡ 실을 감아 바늘 위 고리 중 2개만 빼내기} ➡ 다음 코에 *을 반복 ➡ 마지막으로 실을 감아 바늘 위의 고리 3개를 모두 빼내기

되돌려 짧은뜨기(137쪽 참조)

마지막 코를 뜨고 난 후 편물을 돌리지 않고 바로 오른쪽 코에 바늘을 넣은 후 실을 감아 빼기 ➡ 실을 한 번 더 감아 바늘에 걸려 있는 고리 2개 빼내기 ➡ 그 다음 오른쪽 코에 바늘을 넣고 뜨기(오른쪽 끝까지 같은 방법으로 뜨기)

실 새로 잇기(139쪽 참조)

사슬코를 만들 때처럼 새 실로 고리를 만들고 새롭게 떠나갈 코에 바늘을 넣은 다음 만들어 둔 실 고리를 걸어 빼기

moulded clogs
클로그

요즘 유행하는 크록스 신발처럼 남녀 구분 없이 신을 수 있는 넉넉하고 발이 편한 신발입니다. 주색은 화려한 색상의 실을 선택하고 발목 스트랩은 대조되는 색으로 조합해보는 것도 좋아요.

＊왼짝과 오른짝 모두 뜨는 법이 같아요.

바닥 뜨기

바닥패턴1
(뜨기가 끝나면 실을 끊어 매듭짓습니다.)

몸통 뜨기

바닥의 발꿈치 중앙에 실을 잇고 다음과 같이 뜹니다.

1단: (머리 사슬 뒤쪽 한 가닥 주워 뜨기) 사슬뜨기 3번 (첫 번째 한길긴뜨기로 간주) ➡ 다음 45[49]코에 각각 한길긴뜨기 1번씩 ➡ 편물 돌리기

2단: (머리 사슬 두 가닥 주워 뜨기) 사슬뜨기 1번(코로 간주하지 않음) 후 같은 코에 짧은뜨기 1번 ➡ 같은 코에 바늘을 넣었다가 실을 감아 빼기 ➡ 다음 코에 바늘을 넣었다 실을 감아 빼기 ➡ 마지막에 감아 뺀 실로 바늘에 걸린 2개의 고리 빼기 ➡ *{마지막에 넣어 떴던 그 같은 코에 바늘을 넣었다가 실을 감아 빼기 ➡ 다음 코에 바늘을 넣었다 실을 감아 빼기 ➡ 마지막에 감아 뺀 실로 바늘에 걸린 2개의 고리 빼기} ➡ *을 끝까지 반복(45[49]코) ➡ 1단에서 뜬 사슬 3개 중 3번째 사슬에 빼뜨기 1번 ➡ 편물 돌리기

3단: 사슬뜨기 3번(첫 번째 한길긴뜨기로 간주) ➡ (머리 사슬 뒤쪽 한 가닥 주워 뜨기) 빼뜨기 코 건너뛰기 ➡ 다음 10[12]코에 각각 한길긴뜨기 1번씩 ➡ 한길긴뜨기 2코 모아뜨기 12번 ➡ 다음 11[13]코에 각각 한길긴뜨기 1번씩 ➡ 편물 돌리기 ❶

4단: (머리 사슬 두 가닥 주워 뜨기) 사슬뜨기 1번(코로 간주하지 않음) 후 같은 코에 짧은뜨기 1번 ➡ 같은 코에 바늘을 넣었다가 실을 감아 빼기 ➡ 다음 코에 바늘을 넣었다가 실을 감아 빼기 ➡ 마지막에 감아 뺀 실로 바늘에 걸린 2개의 고리 빼기 ➡ *{마지막에 넣어 떴던 그 같은 코에 바늘을 넣었다

가 실을 감아 빼기 ➡ 다음 코에 바늘을 넣었다 실을 감아 빼기 ➡ 마지막에 감아 뺀 실로 바늘에 걸린 2개의 고리 빼기} ➡ *을 끝까지 반복(총 33[37]코) ➡ 3단에서 뜬 사슬 3개 중 3번째 사슬에 빼뜨기 1번 ➡ 편물 돌리기

5단: (머리 사슬 뒤쪽 한 가닥 주워 뜨기) 사슬뜨기 3번 (첫 번째 한길긴뜨기로 간주) ➡ 빼뜨기 코 건너뛰기 ➡ 다음 7[9]코에 각각 한길긴뜨기 1번씩 ➡ *{다음 2코 건너뛰기 ➡ 다음 코에 한길긴뜨기 1번} ➡ *을 5번 더 반복 ➡ 다음 8[10]코에 각각 한길긴뜨기 1번씩 ❷

떠 놓은 신발을 뒤집고 뒤꿈치 부분을 빼뜨기로 연결한 다음 실을 끊고 다시 뒤집어줍니다.

발목 테두리 뜨기

신발의 뒤꿈치 쪽 중앙에 실을 잇고 다음과 같이 뜹니다.

1단: 사슬뜨기 1번 후 이후 모든 코에 되돌려 짧은뜨기 ➡ 처음 짧은뜨기 코에 빼뜨기하여 연결 ➡ 실을 끊고 마무리 ❸

스트랩 뜨기

기초 사슬: 사슬뜨기 25[27]번

1단: 사슬코에서 2번째 사슬에 짧은뜨기 1번 ➡ 다음 24[26]코에 각각 짧은뜨기 1번씩 ➡ 편물 돌리기

2단: 사슬뜨기 1번(한 코로 간주하지 않음) ➡ 다음 코에 짧은뜨기 1번 ➡ 같은 코에 바늘을 넣었다가 실을 감아 빼기 ➡ 다음 코에 바늘을 넣었다 실을 감아 빼기 ➡ 마지막에 감아 뺀 실로 바늘에 걸린 2개의 고리 빼기 ➡ *{마지막에 넣어 떴던 그 같은 코에 바늘을 넣었다가 실을 감아 빼기 ➡ 다음 코에 바늘을 넣었다 실을 걸어 빼기 ➡ 마지막에 감아 뺀 실로 바늘에 걸린 2개의 고리 빼기} ➡ *을 끝까지 반복(총 24[26]코) ➡ 편물 돌리기

3단: (머리 사슬 뒤쪽 한 가닥 주워 뜨기) 사슬뜨기 1번 ➡ 다음 24[26]코에 각각 짧은뜨기 1번씩 ➡ 실을 끊고 마무리 ❹

• • •

41쪽 사진을 참고해 스트랩의 끝이 위치할 곳에 각각 단추를 달아 고정시킵니다.

tip

발등과 스트랩의 2단을 뜰 때는 주의하세요! 바늘에 걸려 있는 고리를 한꺼번에 뺄 때 실을 새로 감아서 빼는 것이 아니라 마지막에 감아 뺀 실로 남아 있는 고리를 빼야 합니다.

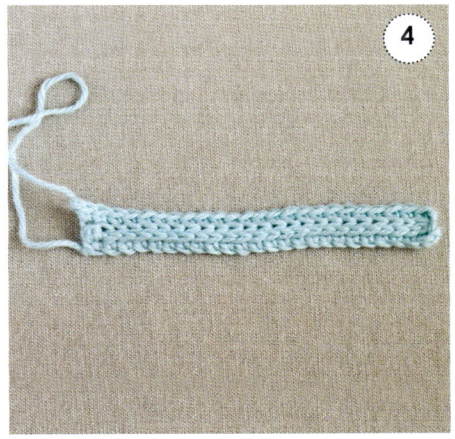

레 벨	3단계
사이즈	0–6개월: 발바닥 길이 9cm
	6–12개월: 발바닥 길이 10cm
	(수치가 서로 다를 경우 6–12개월은 [ ]로 표시)
실 색상	바탕실: 황갈색
	배색실: 연한 갈색(가는 실 추천)
바 늘	3.25mm 또는 5호
게이지	5×5cm에 짧은뜨기 10코 10단
뜨개법	바닥패턴1(140쪽 참조)

바닥패턴1(140쪽 참조)

1단: 사슬뜨기 11[13]번 ➡ 사슬코에서 3번째 사슬에 긴뜨기 1번 ➡ 다음 7[9]개 사슬에 각각 긴뜨기 1번씩 ➡ 마지막 사슬에 긴뜨기 6번 ➡ (반대쪽) ➡ 다음 7[9]개 사슬에 각각 긴뜨기 1번씩 ➡ 마지막 사슬에 긴뜨기 5번 ➡ 처음 긴뜨기 코에 빼뜨기하여 연결

2단: 사슬뜨기 1번 ➡ 다음 8[10]코에 각각 긴뜨기 1번씩 ➡ 다음 5코에 각각 긴뜨기 2번씩 ➡ 다음 8[10]코에 각각 긴뜨기 1번씩 ➡ 다음 5코에 각각 긴뜨기 2번씩 ➡ 처음 긴뜨기 코에 빼뜨기하여 연결

3단: 사슬뜨기 1번 ➡ 다음 8[10]코에 각각 긴뜨기 1번씩 ➡ *[다음 코에 긴뜨기 2번 ➡ 다음 코에 긴뜨기 1번] ➡ *을 4번 더 반복 ➡ 다음 8[10]코에 각각 긴뜨기 1번씩 ➡ *을 5번 더 반복 ➡ 처음 긴뜨기 코에 빼뜨기하여 연결

한길긴뜨기 2코 모아뜨기(137쪽 참조)

*{바늘에 실을 감아 코에 바늘 넣기 ➡ 실을 감아 빼기 ➡ 실을 감아 바늘 위 고리 중 2개만 빼내기} ➡ 다음 코에 *을 반복 ➡ 마지막으로 실을 감아 바늘 위의 고리 3개를 모두 빼내기

실 새로 잇기(139쪽 참조)

사슬코를 만들 때처럼 새 실로 고리를 만들고 새롭게 떠나갈 코에 바늘을 넣은 다음 만들어둔 실 고리를 걸어 빼기

꼬인실 만들기(139쪽 참조)

실을 반으로 접고 한쪽을 고리나 문손잡이에 건 다음 나머지 한쪽 끝을 한 방향으로 비벼서 꼬임을 만든 후 고리에 걸어두었던 실을 걸어내고 다시 반으로 접기

moccasins
모카신

편안함 하면 바로 모카신이죠! 심지어 파자마에도 잘 어울려요. 레이스나 프린지로 장식하면 더 예쁜 모카신을 만들 수 있어요.

＊왼짝과 오른짝 모두 뜨는 법이 같아요.

바닥 뜨기

바닥패턴1
(바탕실로 뜬 다음 실을 끊지 않고 계속 이어서 몸통을 뜹니다.)

몸통 뜨기

1단: (머리 사슬 뒤쪽 한 가닥 주워 뜨기) 사슬뜨기 1번
➡ 다음 45[49]코에 각각 짧은뜨기 1번씩 ➡ 처음
짧은뜨기 코에 빼뜨기하여 연결

2–4단: (머리 사슬 두 가닥 주워 뜨기) 1단을 반복

5단: (머리 사슬 두 가닥 주워 뜨기) 사슬뜨기 1코 ➡ 다
음 5[6]코에 짧은뜨기 각각 1번씩 ➡ (머리 사슬 뒤쪽
한 가닥 주워 뜨기) 한길긴뜨기 2코 모아뜨기 9[10]
번 ➡ (머리 사슬 두 가닥 주워 뜨기) 다음 22[23]코에
각각 짧은뜨기 1번씩 ➡ 처음 짧은뜨기 코에 빼뜨
기하여 연결 ❶

6단: 사슬뜨기 1번 ➡ 다음 3[4]코에 각각 짧은뜨
기 1번씩 ➡ 다음 2코 건너뛰기 ➡ 다음 9[10]코에

각각 한길긴뜨기 1번씩 ➡ 다음 2코 건너뛰기 ➡
다음 20[21]코에 각각 짧은뜨기 1번씩 ➡ 처음 짧
은뜨기 코에 빼뜨기하여 연결 ➡ 다음 3[4]코에 각
각 빼뜨기 1번씩 ➡ 편물 돌리기

실을 끊지 않고 이어서 발목 뒤쪽을 뜹니다. ❷

발목 뒤쪽 뜨기

1단: 사슬뜨기 1번 ➡ 다음 4[5]코에 각각 짧은뜨
기 1번씩 ➡ 다음 19[20]코에 각각 짧은뜨기 1번
씩 ➡ 편물 돌리기

2단: 사슬뜨기 1번 ➡ 다음 23[25]코에 각각 짧은
뜨기 1번씩 ➡ 편물 돌리기

3–8단: 2단을 반복하여 뜨기

9단: *{사슬뜨기 6번 ➡ 다음 코에 빼뜨기} ➡ 끝까지 *을 반복 ➡ 편물 돌리기 ❸ ➡ 8단이 1단과 만나도록(겹쳐지도록) 밖으로 접어내리기 ➡ 겹쳐진 부분을 빼뜨기로 연결 ❹

혀 뜨기

발등 부분의 한길긴뜨기 9[10]코 부분에서 다음과 같이 뜹니다.

1단: 사슬뜨기 1번 후 같은 코에 짧은뜨기 1번 ➡ 다음 8[9]코에 각각 짧은뜨기 1번씩 ➡ 편물 돌리기 ❺

2단: 사슬뜨기 1번 ➡ 다음 9[10]코에 각각 짧은뜨기 1번씩

3–5단: 2단을 3번 더 반복

6단: 사슬뜨기 1번 ➡ 다음 짧은뜨기 코 건너뛰기 ➡ 다음 6[7]코에 각각 짧은뜨기 1번씩 ➡ 다음 코 건너뛰기 ➡ 마지막 코에 짧은뜨기 1번 ➡ 실을 끊고 마무리 ❻

굽 테두리 뜨기

신발의 앞쪽이 보이도록 놓고, 몸통의 5단 오른쪽 끝에 실을 이은 다음, 5단의 남은 사슬 한 가닥을 주워서 둘러가며 빼뜨기 ❼

∙∙∙

배색실(연한 갈색)을 50cm 정도 길이로 자르고 실을 꼬아 밧줄처럼 만든 다음 코바늘로 신발 발등 위쪽에 실을 달아 리본으로 묶어줍니다. ❽

part2.
포근한
아기 부츠

레 벨	1단계
사 이 즈	0–6개월: 발바닥 길이 9cm
	6–12개월: 발바닥 길이 10cm
	(수치가 서로 다를 경우 6–12개월은 [ ]로 표시)
실 색상	바탕실: 더스키 핑크(회색을 띤 핑크)
	배색실: 흰색
바 늘	3.25mm 또는 5호
준비물	돗바늘
게이지	5×5cm에 짧은뜨기 10코 10단
뜨개법	바닥패턴1(140쪽 참조)

바닥패턴1(140쪽 참조)

1단: 사슬뜨기 11[13]번 ➡ 사슬코에서 3번째 사슬에 긴뜨기 1번 ➡ 다음 7[9]개 사슬에 각각 긴뜨기 1번씩 ➡ 마지막 사슬에 긴뜨기 6번 ➡ (반대쪽) ➡ 다음 7[9]개 사슬에 각각 긴뜨기 1번씩 ➡ 마지막 사슬에 긴뜨기 5번 ➡ 처음 긴뜨기 코에 빼뜨기하여 연결

2단: 사슬뜨기 1번 ➡ 다음 8[10]코에 각각 긴뜨기 1번씩 ➡ 다음 5코에 각각 긴뜨기 2번씩 ➡ 다음 8[10]코에 각각 긴뜨기 1번씩 ➡ 다음 5코에 각각 긴뜨기 2번씩 ➡ 처음 긴뜨기 코에 빼뜨기하여 연결

3단: 사슬뜨기 1번 ➡ 다음 8[10]코에 각각 긴뜨기 1번씩 ➡ *{다음 코에 긴뜨기 2번 ➡ 다음 코에 긴뜨기 1번} ➡ *을 4번 더 반복 ➡ 다음 8[10]코에 각각 긴뜨기 1번씩 ➡ *을 5번 더 반복 ➡ 처음 긴뜨기 코에 빼뜨기하여 연결

짧은뜨기 2코 모아뜨기(136쪽 참조)

*{코에 바늘 넣기 ➡ 실을 감아 빼기} ➡ 다음 코에 *을 반복 ➡ 실을 감아 바늘 위의 고리 3개를 모두 빼내기

vintage bow boots
빈티지 리본 부츠

이 핑크 부츠를 생애 첫 부츠로 만들어 주세요. 발목은 레이스로 장식했고 복사뼈 위치에는 배색실로 뜬 리본을 달았어요. 빅토리아풍 빈티지 패션이랄까요?!

* 왼짝과 오른짝 모두 뜨는 법이 같아요.

바닥 뜨기

바닥패턴1
(바탕실로 뜬 다음 실을 끊지 않고 계속 이어서 몸통을 뜹니다.)

몸통 뜨기

바탕실(더스키 핑크)로 머리 사슬 뒤쪽 한 가닥을 주워서 다음과 같이 뜹니다. (1~10단)

1단: 사슬뜨기 1번 후 그 코는 건너뛰기 ➡ 다음 45[49]코에 각각 짧은뜨기 1번씩 ➡ 처음 짧은뜨기 코에 빼뜨기하여 연결

2–3단: 1단을 2번 더 반복 ❶

4단: 사슬뜨기 1번 ➡ 다음 6코에 각각 짧은뜨기 1번씩 ➡ *{다음 코 건너뛰기 ➡ 다음 코에 짧은뜨기 1번} ➡ *을 8[10]번 더 반복 ➡ 다음 21코에 각각 짧은뜨기 1번씩 ➡ 처음 짧은뜨기 코에 빼뜨기하여 연결

5단: 사슬뜨기 1번 ➡ 다음 4코에 각각 짧은뜨기 1번씩 ➡ *{다음 코 건너뛰기 ➡ 다음 코에 짧은뜨기 1번} ➡ *을 5[6]번 더 반복 ➡ 다음 20코에 각각 짧은뜨기 1번씩 ➡ 처음 짧은뜨기 코에 빼뜨기하여 연결

6단: 사슬뜨기 1번 ➡ 다음 30[31]코에 각각 짧은뜨기 1번씩 ➡ 처음 짧은뜨기 코에 빼뜨기하여 연결

7단: 사슬뜨기 1번 ➡ 다음 3코에 각각 짧은뜨기 1번씩 ➡ *{다음 코 건너뛰기 ➡ 다음 코에 짧은뜨기 1번} ➡ *을 4번 더 반복 ➡ 다음 17[18]코에 각각 짧은뜨기 1번씩 ➡ 처음 짧은뜨기 코에 빼뜨기하여 연결

8단: 사슬뜨기 1번 ➡ 다음 25[26]코에 각각 짧은뜨기 1번씩 ➡ 처음 짧은뜨기 코에 빼뜨기하여 연결

9–10단: 8단을 2번 더 반복 ❷

아래는 머리 사슬 두 가닥을 주워서 뜹니다.

11단: 사슬뜨기 3번(첫 번째 한길긴뜨기로 간주) ➡ 다음 코에 한길긴뜨기 1번 ➡ *{다음 코 건너뛰기 ➡ 사슬뜨기 1번 ➡ 다음 2코에 각각 한길긴뜨기 1번씩} ➡ *을 7번 더 반복 ➡ 사슬뜨기 1번 ➡ 처음 뜬 사슬 3개 중 3번째 사슬에 빼뜨기하여 연결(6~12개월의 경우 마지막 코는 건너뛰기)

12단: 사슬뜨기 5번 ➡ 다음 한길긴뜨기 코 건너뛰기 ➡ 이전 단에서 사슬뜨기 한 곳 아래 생긴 공간(이하 '사슬 공간')에 한길긴뜨기 1번 ➡ *{사슬뜨기 2번 ➡ 다음 한길긴뜨기 2코 건너뛰기 ➡ 다음 사슬 공간에 한길긴뜨기 1번} ➡ *을 7번 더 반복 ➡ 처음 뜬 사슬 5개 중 3번째 사슬에 빼뜨기하여 연결

13단: 사슬뜨기 1번 ➡ *{다음 사슬 공간에 한길긴뜨기 5번 ➡ 다음 한길긴뜨기 코 건너뛰기 ➡ 다음 사슬 공간에 짧은뜨기 1번} ➡ *을 4번 더 반복(사슬 공간 사이의 한길긴뜨기 코는 건너뛰게 됨)하되, 마지막 회차에서 짧은뜨기 대신에 빼뜨기(이전 단의 빼뜨기 코 위치임) ➡ 실을 끊고 마무리 ❸

위쪽 리본 뜨기

배색실(흰색)로 다음과 같이 뜹니다.

1단: 사슬뜨기 3번 ➡ 사슬코에서 2번째 사슬에 짧은뜨기 1번 ➡ 다음 사슬에 짧은뜨기 1번 ➡ 편물 돌리기

2단: 사슬뜨기 1번 ➡ 다음 2코에 각각 짧은뜨기 2번씩 ➡ 편물 돌리기

3단: 사슬뜨기 1번 ➡ 다음 4코에 각각 짧은뜨기 1번씩 ➡ 편물 돌리기

4-11단: 3단을 8번 더 반복

12단: 사슬뜨기 1번 ➡ 짧은뜨기 2코 모아뜨기 2번 ➡ 편물 돌리기

13단: 사슬뜨기 1번 ➡ 다음 2코에 각각 짧은뜨기 2번씩 ➡ 편물 돌리기

14-22단: 3단을 9번 더 반복

23단: 사슬뜨기 1번 ➡ 짧은뜨기 2코 모아뜨기 2번

편물을 포개어 접고 양끝을 빼뜨기로 연결한 후 실을 길게 남기고 잘라줍니다.

아래쪽 리본 뜨기

배색실(흰색)로 다음과 같이 뜹니다.

1단: 사슬뜨기 4번 ➡ 2번째 사슬에 짧은뜨기 1번 ➡ 나머지 사슬들에 짧은뜨기 1번씩 ➡ 편물 돌리기

2단: 사슬뜨기 1번 ➡ 다음 3코에 각각 짧은뜨기 1

tip

이 부츠는 파랑이나 보라, 녹색 계열의
실과도 잘 어울립니다. 원한다면
신발 양쪽의 리본도 사이즈를 조금 작게 조정해서
떠도 좋습니다. 단. 그럴 경우에는
좀 더 가는 실과 바늘을 이용하도록 하세요.

번씩 ➡ 편물 돌리기

3-5단: 2단을 3번 더 반복

6단: 사슬뜨기 3번(첫 번째 한길긴뜨기로 간주) ➡ 다음 코 건너뛰기 ➡ 마지막 코에 한길긴뜨기 ➡ 편물 돌리기

7단: 사슬뜨기 ➡ 다음 코에 각각 짧은뜨기 2번씩 ➡ 다음 코에 짧은뜨기 1번 ➡ 편물 돌리기

8-11단: 2단을 4번 더 반복 ➡ 실을 끊고 마무리 ❹

위쪽 리본의 솔기 부분이 가운데 오도록 눌러주고, 그것을 아래쪽 리본 위에 올립니다. 위쪽 리본에서 길게 남겨놓았던 실로 함께 감아 묶어주고, 남은 실을 돗바늘에 꿰어 양쪽 신발의 바깥쪽에 꿰매 붙입니다.

레 벨	1단계
사이즈	0–6개월: 발바닥 길이 9cm
	6–12개월: 발바닥 길이 10cm
	(수치가 서로 다를 경우 6–12개월은 [ ]로 표시)
실 색상	연한 파랑
바 늘	3.25mm 또는 5호
준비물	단추 4개(돗바늘 혹은 단추를 달 바늘)
게이지	5×5cm에 짧은뜨기 10코 10단
뜨개법	바닥패턴1(140쪽 참조)

뜨개법 바닥패턴1(140쪽 참조)
1단: 사슬뜨기 11[13]번 ➡ 사슬코에서 3번째 사슬에 긴뜨기 1번 ➡ 다음 7[9]개 사슬에 각각 긴뜨기 1번씩 ➡ 마지막 사슬에 긴뜨기 6번 ➡ (반대쪽) ➡ 다음 7[9]개 사슬에 각각 긴뜨기 1번씩 ➡ 마지막 사슬에 긴뜨기 5번 ➡ 처음 긴뜨기 코에 빼뜨기하여 연결
2단: 사슬뜨기 1번 ➡ 다음 8[10]코에 각각 긴뜨기 1번씩 ➡ 다음 5코에 각각 긴뜨기 2번씩 ➡ 다음 8[10]코에 각각 긴뜨기 1번씩 ➡ 다음 5코에 각각 긴뜨기 2번씩 ➡ 처음 긴뜨기 코에 빼뜨기하여 연결
3단: 사슬뜨기 1번 ➡ 다음 8[10]코에 각각 긴뜨기 1번씩 ➡ *{다음 코에 긴뜨기 2번 ➡ 다음 코에 긴뜨기 1번} ➡ *을 4번 더 반복 ➡ 다음 8[10]코에 각각 긴뜨기 1번씩 ➡ *을 5번 더 반복 ➡ 처음 긴뜨기 코에 빼뜨기하여 연결

짧은뜨기 2코 모아뜨기(136쪽 참조)
*{코에 바늘 넣기 ➡ 실을 감아 빼기} ➡ 다음 코에 ➡ *을 반복 ➡ 실을 감아 바늘 위의 고리 3개를 모두 빼내기

한길긴뜨기 8코 모아뜨기(137쪽 참조)
실을 감아 코에 바늘을 넣은 다음 실을 한 번 더 감아서 빼기 ➡ 다시 실을 감아 바늘 위에 걸려 있는 고리 중 2개만 빼내기(바늘 위에 고리 2개가 남음) ➡ 이 과정을 총 8번 반복하고 바늘에 9개의 고리가 남게 되면 실을 감아 한꺼번에 빼내기

button boots
버튼 부츠

파스텔 톤의 실과 잘 어울리는 이 부츠는 발목 부분을 랩오버 플랩으로 감싸고 있는 형태여서 헐렁하지 않고 안정감 있는 부츠입니다.

＊왼짝과 오른짝의 뜨는 법이 조금 다르니 주의하세요.

바닥 뜨기
바닥패턴1
(뜨기가 끝나면 실을 끊지 않고 계속 이어서 몸통을 뜹니다.)

몸통 뜨기

1단: (머리 사슬 뒤쪽 한 가닥 주워 뜨기) 사슬뜨기 1번 후 같은 코에 빼뜨기 1번 ➡ 다음 45[49]코에 각각 짧은뜨기 1번씩 ➡ 처음 짧은뜨기 코에 빼뜨기하여 연결

2~4단: (머리 사슬 두 가닥 주워 뜨기) 1단을 3번 더 반복 ❶

5단: 사슬뜨기 1번 ➡ 다음 3[5]코에 각각 짧은뜨기 1번씩 ➡ *{짧은뜨기 2코 모아뜨기 1번 ➡ 다음 코에 짧은뜨기 1번} ➡ *을 7번 더 반복 ➡ 다음 18[20]코에 각각 짧은뜨기 1번씩 ➡ 처음 짧은뜨기 코에 빼뜨기하여 연결

6단: 사슬뜨기 1번 ➡ 다음 3[5]코에 각각 짧은뜨기 1번씩 ➡ 짧은뜨기 2코 모아뜨기 8번 ➡ 다음

18[20]코에 각각 짧은뜨기 1번씩 ➡ 처음 짧은뜨기 코에 빼뜨기하여 연결 ❷

7단: 사슬뜨기 1번 ➡ 다음 3[5]코에 각각 짧은뜨기 1번씩 ➡ 한길긴뜨기 8코 모아뜨기 1번 ➡ 다음 18[20]코에 각각 짧은뜨기 1번씩 ➡ 처음 짧은뜨기 코에 빼뜨기하여 연결 ❸

실을 끊지 않고 스트랩을 이어서 뜹니다.

발목 스트랩 뜨기

1단은 오른짝과 왼짝의 뜨기가 조금 다르므로 구분하여 뜹니다.

1단(오른짝): 사슬뜨기 16[17]번 ➡ 편물 돌리기 ➡ 사슬코에서 4번째 사슬에 한길긴뜨기 1번(첫 번째

tip

이 부츠는 두 가지 컬러로 떠도 좋아요. 매 단마다 실을 교차해 뜨면 예쁜 스트라이프 효과가 나지요.

한길긴뜨기로 간주) ➡ 나머지 사슬들에 각각 한길긴
뜨기 1번씩 ➡ 다음 24[28]코(뒤꿈치를 돌아 처음 사슬
뜨기한 곳으로 올 때까지)에 각각 한길긴뜨기 1번씩
➡ 편물 돌리기 ④

1단(왼쪽): 몸통 뜨기를 하고 실을 끊은 다음, 새
실을 발등의 첫 번째 짧은뜨기에서 발등 쪽으로
9[13]번째 코에 잇기 ➡ 사슬뜨기 16[17]번 편물
돌리기 ➡ 사슬코에서 4번째 사슬에 한길긴뜨기 1
번(첫 번째 한길긴뜨기로 간주) ➡ 나머지 사슬들에 각
각 한길긴뜨기 1번씩 ➡ 마지막 빼뜨기 코와 동일
한 위치에 한길긴뜨기 1번 ➡ 다음 23[27]코(뒤꿈치
를 돌아 제자리로 올 때까지)에 각각 한길긴뜨기 1번
➡ 편물 돌리기 ⑤

2단: 사슬뜨기 3번(첫 번째 한길긴뜨기로 간주) ➡ 다음

37[42]코에 각각 한길긴뜨기 1번씩(마지막 한길긴뜨
기는 항상 사슬 3개 중 3번째 사슬에 하기) (총 38[43]코) ➡
편물 돌리기

3-6단: 2단을 4번 더 반복 ⑥ ➡ 사슬뜨기 1번 ➡
스트랩 단의 끝(수직 방향)을 따라 각각 짧은뜨기 1
번씩 ⑦ ➡ 실을 끊고 마무리

· · ·

부츠 양쪽에 단추를 2개씩 달아줍니다. 이때 단
춧구멍은 한길긴뜨기 8코 모아뜨기 한 부분에 생
긴 구멍을 이용하면 됩니다.

레 벨	1단계
사이즈	0–6개월: 발바닥 길이 9cm
	6–12개월: 발바닥 길이 10cm
	(수치가 서로 다를 경우 6–12개월은 [ ]로 표시)
실 색상	바탕실: 황갈색
	배색실: 진한 갈색/은회색
바 늘	3.25mm 또는 5호
준비물	돗바늘
게이지	5×5cm에 짧은뜨기 10코 10단
뜨개법	바닥패턴1(140쪽 참조)

바닥패턴1(140쪽 참조)
1단: 사슬뜨기 11[13]번 ➡ 사슬코에서 3번째 사슬에 긴뜨기 1번 ➡ 다음 7[9]개 사슬에 각각 긴뜨기 1번씩 ➡ 마지막 사슬에 긴뜨기 6번 ➡ (반대쪽) ➡ 다음 7[9]개 사슬에 각각 긴뜨기 1번씩 ➡ 마지막 사슬에 긴뜨기 5번 ➡ 처음 긴뜨기 코에 빼뜨기하여 연결

2단: 사슬뜨기 1번 ➡ 다음 8[10]코에 각각 긴뜨기 1번씩 ➡ 다음 5코에 각각 긴뜨기 2번씩 ➡ 다음 8[10]코에 각각 긴뜨기 1번씩 ➡ 다음 5코에 각각 긴뜨기 2번씩 ➡ 처음 긴뜨기 코에 빼뜨기하여 연결

3단: 사슬뜨기 1번 ➡ 다음 8[10]코에 각각 긴뜨기 1번씩 ➡ *{다음 코에 긴뜨기 2번 ➡ 다음 코에 긴뜨기 1번} ➡ 을 4번 더 반복 ➡ 다음 8[10]코에 각각 긴뜨기 1번씩 ➡ *을 5번 더 반복 ➡ 처음 긴뜨기 코에 빼뜨기하여 연결

한길긴뜨기 2코 모아뜨기(137쪽 참조)
*{바늘에 실을 감아 코에 바늘 넣기 ➡ 실을 감아 빼기 ➡ 실을 감아 바늘 위 고리 중 2개만 빼내기} ➡ 다음 코에 *을 반복 ➡ 마지막으로 실을 감아 바늘 위의 고리 3개를 모두 빼내기

되돌려 짧은뜨기(137쪽 참조)
마지막 코를 뜨고 난 후 편물을 돌리지 않고 바로 오른쪽 코에 바늘을 넣은 후 실을 감아 빼기 ➡ 실을 한 번 더 감아 바늘에 걸려 있는 고리 2개 빼내기 ➡ 그 다음 오른쪽 코에 바늘을 넣고 뜨기(오른쪽 끝까지 같은 방법으로 뜨기)

cowboy boots
카우보이 부츠

카우보이 부츠는 양쪽의 사이드 스트랩과 뒤에 달린 박차가 포인트입니다. 가죽과 같은 느낌을 주는 컬러를 메인으로 선택하고 검정이나 진한 갈색 계통의 배색실을 추가하면 진짜 카우보이 부츠 같겠죠?

*왼짝과 오른짝 모두 뜨는 법이 같아요.

바닥 뜨기

바닥패턴1
(바탕실로 뜬 다음 실을 끊지 않고 계속 이어서 몸통을 뜹니다.)

몸통 뜨기

1단: (머리 사슬 뒤쪽 한 가닥 주워 뜨기) 사슬뜨기 1번 ➡ 다음 46[50]코에 각각 짧은뜨기 1번씩 ➡ 처음 짧은뜨기 코에 빼뜨기하여 연결

2단: (머리 사슬 두 가닥 주워 뜨기) 사슬뜨기 3번(첫 번째 한길긴뜨기로 간주) ➡ 다음 5[6]코에 각각 한길긴뜨기 1번씩 ➡ 한길긴뜨기 2코 모아뜨기 9[10]번 ➡ 다음 23[24]코에 각각 한길긴뜨기 1번씩 ➡ 처음 뜬 사슬 3개 중 3번째 사슬에 빼뜨기하여 연결 ❶

3단: 사슬뜨기 1번 ➡ 다음 37[40]코에 각각 짧은뜨기 1번씩 ➡ 처음 짧은뜨기 코에 빼뜨기하여 연결

4단: 사슬뜨기 3번(첫 번째 한길긴뜨기로 간주) ➡ 다음

3[4]코에 각각 한길긴뜨기 1번씩 ➡ 한길긴뜨기 2코 모아뜨기 7[8]번 ➡ 다음 20[20]코에 각각 한길긴뜨기 1번씩 ➡ 처음 뜬 사슬 3개 중 3번째 사슬에 빼뜨기하여 연결

5단: 사슬뜨기 1번 ➡ 다음 30[32]코에 각각 짧은뜨기 1번씩 ➡ 처음 짧은뜨기 코에 빼뜨기하여 연결 ❷

6단: 사슬뜨기 3번(첫 번째 한길긴뜨기로 간주) ➡ 다음 30[32]코에 각각 한길긴뜨기 1번씩 ➡ 처음 뜬 사슬 3개 중 3번째 사슬에서 빼뜨기하여 연결

7단: 6단을 반복

8단: 사슬뜨기 3번(첫 번째 한길긴뜨기로 간주) ➡ 다음 3코에 각각 한길긴뜨기 1번씩 ➡ 다음 8[9]코에 각각 짧은뜨기 1번씩 ➡ 다음 7코에 각각 한길긴뜨

기 1번씩 ➡ 다음 9[10]코에 각각 짧은뜨기 1번씩
➡ 다음 3코에 각각 한길긴뜨기 1번씩 ➡ 처음 뜬
사슬 3개 중 3번째 사슬에 빼뜨기하여 연결 ❸

9단: 사슬뜨기 1번 ➡ 다음 3코에 각각 짧은뜨기 1
번씩 ➡ 다음 8[9]코에 각각 빼뜨기 1번씩 ➡ 다음
7코에 각각 짧은뜨기 1번씩 ➡ 다음 9[10]코에 각
각 빼뜨기 1번씩 ➡ 다음 3코에 각각 짧은뜨기 1
번씩 ➡ 처음 짧은뜨기 코에 빼뜨기하여 연결 ➡
실을 끊고 마무리

스트랩 뜨기

바탕실(황갈색)로 다음과 같이 뜹니다.

기초 사슬: 사슬뜨기 15번

1단: 사슬코에서 2번째 사슬에 짧은뜨기 1번 ➡ 다

음 12개의 사슬에 각각 짧은뜨기 1번씩 ➡ 마지막
사슬에 {한길긴뜨기 3번, 사슬뜨기 1번, 한길긴뜨
기 3번} ➡ (반대쪽) ➡ 다음 13코에 각각 짧은뜨기 1
번씩 ➡ 실을 끊고 마무리 ❹

완성된 스트랩을 부츠에 꿰매어 달아줍니다. ❺

박차 뜨기

배색실(은회색)로 다음과 같이 뜹니다.

사슬뜨기로 원형코 만들기: 사슬뜨기 4번 ➡ 처음 사
슬에 빼뜨기하여 연결(135쪽 '빼뜨기' 참조)

1단: 사슬뜨기 1번 ➡ 링 안에 바늘을 넣어 짧은뜨
기 6번 ➡ 처음 짧은뜨기 코에 빼뜨기하여 연결

2단: *{사슬뜨기 4번 ➡ 사슬코에서 3번째 사슬에

빼뜨기 1번 ➡ 사슬뜨기 1번 ➡ 다음 짧은뜨기 코에 빼뜨기 1번} ➡ *을 6번 더 반복하되 마지막 회차의 빼뜨기는 처음 사슬 4개를 떴던 코에 넣어 뜨기 ➡ 실을 끊고 마무리 ❻

체인 뜨기

배색실(은회색)로 다음과 같이 뜹니다.

기초 사슬: 사슬뜨기 15번

1단: ➡ 사슬코에서 2번째 사슬에 빼뜨기 1번 ➡ *{사슬뜨기 1번 ➡ 다음 사슬 건너뛰기 ➡ 다음 사슬에 빼뜨기} ➡ *을 끝까지 반복 ➡ 실을 끊고 마무리

완성된 체인을 박차의 링 안으로 넣어 끼우고 ❼ 양끝을 부츠 뒤쪽에 꿰매 붙입니다. ❽

뒤꿈치 뜨기

떠 놓은 바닥의 남은 사슬 한 가닥을 주위 다음과 같이 뜹니다.

몸통의 빼뜨기 선을 따라내려 왔을 때 만나는 코로에서 4번째 코에 배색실(진한 갈색)을 이은 다음 테두리를 따라 돌아가며 짧은뜨기 ❾ ➡ 처음 짧은뜨기 코에 빼뜨기하여 연결 ❿ ➡ 편물을 돌리지 말고 반대편 같은 위치에 이를 때까지 돌아가며 되돌려 짧은뜨기 ⓫ ➡ 실을 끊고 마무리 ⓬

레 벨	2단계
사이즈	0–6개월: 발바닥 길이 9cm
	6–12개월: 발바닥 길이 10cm
	(수치가 서로 다를 경우 6–12개월은 [ ]로 표시)
실 색상	바탕실: 갈색, 배색실: 크림색
바 늘	3.25mm 또는 5호
게이지	5×5cm에 짧은뜨기 10코 10단
뜨개법	바닥패턴1(140쪽 참조)

1단: 사슬뜨기 11[13]번 → 사슬코에서 3번째 사슬에 긴뜨기 1번 → 다음 7[9]개 사슬에 각각 긴뜨기 1번씩 → 마지막 사슬에 긴뜨기 6번 → (반대쪽) → 다음 7[9]개 사슬에 각각 긴뜨기 1번씩 → 마지막 사슬에 긴뜨기 5번 → 처음 긴뜨기 코에 빼뜨기하여 연결

2단: 사슬뜨기 1번 → 다음 8[10]코에 각각 긴뜨기 1번씩 → 다음 5코에 각각 긴뜨기 2번씩 → 다음 8[10]코에 각각 긴뜨기 1번씩 → 다음 5코에 각각 긴뜨기 2번씩 → 처음 긴뜨기 코에 빼뜨기하여 연결

3단: 사슬뜨기 1번 → 다음 8[10]코에 각각 긴뜨기 1번씩 → *{다음 코에 긴뜨기 2번 → 다음 코에 긴뜨기 1번} → 을 4번 더 반복 → 다음 8[10]코에 각각 긴뜨기 1번씩 → 을 5번 더 반복 → 처음 긴뜨기 코에 빼뜨기하여 연결

한길긴뜨기 2코 모아뜨기(137쪽 참조)

*{바늘에 실을 감아 코에 바늘 넣기 → 실을 감아 빼기 → 실을 감아 바늘 위 고리 중 2개만 빼내기} → 다음 코에 *을 반복 → 마지막으로 실을 감아 바늘 위의 고리 3개를 모두 빼내기

furry boots
털 부츠

이 폭신폭신한 털 부츠는 차가운 겨울에도 밖으로 나가 걷고 싶을 만큼 포근해 보이는 부츠예요. 복슬복슬한 털은 짧은뜨기를 반복해 만든답니다.

＊왼쪽과 오른쪽 모두 뜨는 법이 같아요.

바닥 뜨기

바닥패턴1
(바탕실로 뜬 다음 실을 끊지 않고 계속 이어서 몸통을 뜹니다.)

몸통 뜨기

1단: (머리 사슬 뒤쪽 한 가닥 주워 뜨기) 사슬뜨기 1번 후 그 코는 건너뛰기 → 다음 45[49]코에 각각 짧은뜨기 1번씩 → 처음 짧은뜨기 코에 빼뜨기하여 연결

##6-12개월: (머리 사슬 두 가닥 주워 뜨기) 사슬뜨기 1번 ➡ 다음 11코에 짧은뜨기 1번씩 ➡ 다음 2코 건너뛰기 ➡ 다음 9코에 각각 한길긴뜨기 1번씩 ➡ 다음 2코 건너뛰기 ➡ 다음 25코에 각각 짧은뜨기 1번씩 ➡ 처음 짧은뜨기 코에 빼뜨기하여 연결
##6-12개월의 경우 1단과 2단 사이에 한 단을 더 뜹니다.

2[3]단: (머리 사슬 두 가닥 주워 뜨기) 사슬뜨기 1번 ➡ 다음 9코에 각각 짧은뜨기 1번씩 ➡ 다음 2코 건너뛰기 ➡ 다음 9코에 각각 한길긴뜨기 1번씩 ➡ 다음 2코 건너뛰기 ➡ 다음 23코에 각각 짧은뜨기 1번씩 ➡ 처음 짧은뜨기 코에 빼뜨기하여 연결

3[4]단: 사슬뜨기 1번 ➡ 다음 7코에 각각 짧은뜨기 1번씩 ➡ 다음 2코 건너뛰기 ➡ 다음 9코에 각각 한길긴뜨기 1번씩 ➡ 다음 2코 건너뛰기 ➡ 다음 21코에 각각 짧은뜨기 1번씩 ➡ 처음 짧은뜨기 코

에 빼뜨기하여 연결

4[5]단: 사슬뜨기 1번 ➡ 다음 5코에 각각 짧은뜨기 1번씩 ➡ 다음 2코 건너뛰기 ➡ 다음 9코에 각각 한길긴뜨기 1번씩 ➡ 다음 2코 건너뛰기 ➡ 다음 19코에 각각 짧은뜨기 1번씩 ➡ 처음 짧은뜨기 코에 빼뜨기하여 연결

5[6]단: 사슬뜨기 1번 ➡ 다음 3코에 각각 짧은뜨기 1번씩 ➡ 다음 2코 건너뛰기 ➡ 다음 9코에 각각 한길긴뜨기 1번씩 ➡ 다음 2코 건너뛰기 ➡ 다음 17코에 각각 짧은뜨기 1번씩 ➡ 처음 짧은뜨기 코에 빼뜨기하여 연결

6[7]단: 사슬뜨기 3번 ➡ 다음 3코에 각각 한길긴뜨기 1번씩 ➡ 한길긴뜨기 2코 모아뜨기 5번 ➡ 다음 16코에 각각 한길긴뜨기 1번씩 ➡ 처음 뜬 사슬 3개 중 3번째 사슬에 빼뜨기하여 연결 ❶

7[8]단: 다른 배색실(크림색)로 바꾸기(136쪽 '중간에 실 바꾸기' 참조) ➡ *{사슬뜨기 6번 ➡ 다음 코의 머리 사슬 앞쪽 한 가닥을 주워 빼뜨기} ➡ *을 끝까지 반복 ❷ (총 24개의 루프가 완성됨)

8[9]단: 사슬뜨기 1번 ➡ 6[7]단에서 만들어진 24코의 머리 사슬 뒤쪽 한 가닥을 주워서 각각 짧은뜨기 1번씩 ➡ 처음 짧은뜨기 코에 빼뜨기하여 연결 ❸

9[10]-18[19]단: 7[8]단과 8[9]단을 5번씩 더 반복 ➡ 실을 끊고 마무리

레 벨	2단계
사이즈	0–6개월: 발바닥 길이 9cm
	6–12개월: 발바닥 길이 10cm
	(수치가 서로 다를 경우 6–12개월은 [ ]로 표시)
실 색상	바탕실: 초크 화이트(아란같은 굵은 실 추천)
	배색실: 회색
바 늘	3.5mm 또는 6호
게이지	5×5cm에 짧은뜨기 9코 9단
뜨개법	**바닥패턴2**(140쪽 참조)

1단: 사슬뜨기 9[11]번 ➡ 사슬코에서 3번째 사슬에 긴뜨기 1번 ➡ 다음 5[7]코에 각각 긴뜨기 1번씩 ➡ 마지막 사슬에 긴뜨기 6번 ➡ (반대쪽) ➡ 다음 5[7]코에 각각 긴뜨기 1번씩 ➡ 마지막 사슬에 긴뜨기 5번 ➡ 처음 긴뜨기 코에 빼뜨기하여 연결

2단: 사슬뜨기 1번 ➡ 다음 6[8]코에 각각 긴뜨기 1번 ➡ 다음 5코에 각각 긴뜨기 2번씩 ➡ 다음 6[8]코에 각각 긴뜨기 1번씩 ➡ 다음 5코에 각각 긴뜨기 2번씩 ➡ 처음 긴뜨기 코에 빼뜨기하여 연결

3단: 사슬뜨기 1번 ➡ 다음 6[8]코에 각각 긴뜨기 1번씩 ➡ *{다음 코에 긴뜨기 2번 ➡ 다음 코에 긴뜨기 1번} ➡ *을 4번 더 반복 ➡ 다음 6[8]코에 각각 긴뜨기 1번씩 ➡ *을 5번 더 반복 ➡ 처음 긴뜨기 코에 빼뜨기하여 연결

짧은뜨기 2코 모아뜨기(136쪽 참조)
*{코에 바늘 넣기 ➡ 실을 감아 빼기} ➡ 다음 코에 *을 반복 ➡ 실을 감아 바늘 위의 고리 3개를 모두 빼내기

한길긴뜨기 2코 모아뜨기(137쪽 참조)
*{바늘에 실을 감아 코에 바늘 넣기 ➡ 실을 감아 빼기 ➡ 실을 감아 바늘 위 고리 중 2개만 빼내기} ➡ 다음 코에 *을 반복 ➡ 마지막으로 실을 감아 바늘 위의 고리 3개를 모두 빼내기

실 새로 잇기(139쪽 참조)
사슬코를 만들 때처럼 새 실로 고리를 만들고 새롭게 떠나갈 코에 바늘을 넣은 다음 만들어 둔 실 고리를 걸어 빼기

꼬인실 만들기(139쪽 참조)
실을 반으로 접고 한쪽을 고리나 문손잡이에 건 다음 나머지 한쪽 끝을 한 방향으로 비벼서 꼬임을 만든 후 고리에 걸어두었던 실을 걸어 내고 다시 반으로 접기

desert boots
데저트 부츠

사막용으로 신기 시작한 부츠의 디자인을 본 따서 데저트 부츠라고 불리는 이 신발은 청바지나 반바지, 일상복에도 잘 어울려 누구나 하나쯤 가지고 있으면 좋은 필수 아이템입니다.

* 왼쪽과 오른쪽 모두 뜨는 법이 같아요.

바닥 뜨기
바닥패턴2
(바탕실로 뜬 다음 실을 끊지 않고 계속 이어서 몸통을 뜹니다.)

몸통 뜨기

완성된 바닥의 안쪽이 보이도록 하면서 다음과 같이 뜹니다. (아래 모든 사슬뜨기 1번은 하나의 코로 간주하지 않음)

1단: (머리 사슬 앞쪽 한 가닥 주워 뜨기) 사슬뜨기 1번 ⇒ 빼뜨기 코 건너뛰기 ⇒ *{다음 코에 짧은뜨기 1번 ⇒ 다음 코에 긴뜨기 1번} ⇒ *을 끝까지 반복(총 42[46]코) ⇒ 처음 짧은뜨기 코에 빼뜨기하여 연결

2단: (머리 사슬 두 가닥 주워 뜨기) 사슬뜨기 1번 ⇒ *{다음 코에 긴뜨기 1번 ⇒ 다음 코에 짧은뜨기 1번} ⇒ *을 끝까지 반복(총 42[46]코) ⇒ 처음 짧은뜨기 코에 빼뜨기하여 연결

3단: 사슬뜨기 1번 ⇒ *{다음 코에 짧은뜨기 1번 ⇒ 다음 코에 긴뜨기 1번} ⇒ *을 끝까지 반복(총 42[46]코) ⇒ 처음 짧은뜨기 코에 빼뜨기하여 연결 ❶

4단: 사슬뜨기 1번 ⇒ {다음 코에 긴뜨기 1번 ⇒ 다음 코에 짧은뜨기 1번}을 10번 반복 ⇒ *{다음 코 건너뛰기 ⇒ 다음 코에 짧은뜨기 1번} ⇒ *을 8[10]번 더 반복 ⇒ {다음 코에 긴뜨기 1번 ⇒ 다음 코에 짧은뜨기 1번}을 2번 반복 ⇒ 처음 짧은뜨기 코에 빼뜨기하여 연결

신발을 뒤집어 바닥의 겉쪽이 보이도록 한 다음 뜨던 방향과 반대 방향으로 5단을 뜹니다.

tip

이 부츠의 발목을 더 높게 뜨려면 발목 뜨기의 1단과 2단을 1번씩이 아니라 2번씩 더 반복하여 뜹니다. 그리고 혀의 2단을 4번이 아니라 6번 더 반복해 뜹니다. 그리고 끈을 끼울 구멍도 그에 맞게 몇 개 더 만듭니다.

5단: 사슬뜨기 1번 ➡ 빼뜨기 코 건너뛰기 ➡ 다음 3코에 각각 짧은뜨기 1번씩 ➡ 다음 2코 건너뛰기 ➡ 한길긴뜨기 2코 모아뜨기 4[5]번 ➡ 다음 2코 건너뛰기 ➡ 다음 18코에 각각 짧은뜨기 1번씩 ➡ 처음 짧은뜨기 코에 빼뜨기하여 연결 ➡ 다음 3코에 각각 빼뜨기 1번씩 ❷

실을 끊지 말고 편물을 돌린 다음 발목을 이어서 뜹니다.

발목 뜨기

1단: 사슬뜨기 1번 ➡ *{다음 코에 긴뜨기 1번 ➡ 다음 코에 짧은뜨기 1번} ➡ 뒤꿈치 쪽으로 돌아가며 *을 10번 더 반복 ➡ 편물 돌리기 ❸

2단: 사슬뜨기 1번 ➡ 다음 22코 각각에 짧은뜨기 1번씩 ➡ 편물 돌리기

3-4단: 1과 2단을 한 번씩 더 반복하되, 4단을 뜬 뒤에는 편물을 돌리지 않고 5단 이어 뜨기

##5단: *{사슬뜨기 3번 ➡ 다음 단 건너뛰기 ➡ 다음 단에서 빼뜨기} ➡ *을 2번 더 반복 ➡ 실을 끊고 마무리

##5단은 끈을 끼울 수 있는 구멍을 만들고자 하는 것으로, 발목 뜨기 단의 끝(수직 방향)을 따라 뜨게 됩니다.

끈을 끼는 부분 중 한쪽이 완성되었습니다. 반대쪽 처음 코에 새 실을 잇고 같은 방법으로 떠 주어 끈이 끼워지는 다른 쪽도 완성합니다. ❹

혀 뜨기

바탕실(초크 화이트)을 몸통의 5단 발등 부분 오른쪽 끝에 새로 잇고 다음과 같이 뜹니다.

1단: 사슬뜨기 1번 ➡ 발등 쪽을 가로지르며 모든 코에 각각 짧은뜨기 2번씩(총 8[10]코) ➡ 편물 돌리기

2단: 사슬뜨기 1번 ➡ 다음 8[10]코에 각각 짧은뜨기 1번씩 ➡ 편물 돌리기

3-6단: 2단을 4번 더 반복

7단: 사슬뜨기 1번 ➡ 짧은뜨기 2코 모아뜨기 ➡ 다음 4[6]코에 각각 짧은뜨기 1번씩 ➡ 짧은뜨기 2코 모아뜨기 ➡ 실을 끊고 마무리 ❺

...

배색실(회색)을 50cm 정도 길이로 자르고 실을 꼬아 밧줄처럼 만든 다음, 발목 뜨기의 마지막에 만들어준 구멍에 끼우고 리본으로 묶어줍니다.

레 벨	2단계
사이즈	0~6개월: 발바닥 길이 9cm
	6~12개월: 발바닥 길이 10cm
	(수치가 서로 다를 경우 6~12개월은 [ ]로 표시)
실 색상	바탕실: 연한 갈색, 배색실: 크림색
바 늘	3.25mm 또는 5호
준비물	돗바늘
게이지	5×5cm에 짧은뜨기 10코 10단

뜨개법 **바닥패턴1(140쪽 참조)**
1단: 사슬뜨기 11[13]번 ➡ 사슬코에서 3번째 사슬에 긴뜨기 1번 ➡ 다음 7[9]개 사슬에 각각 긴뜨기 1번씩 ➡ 마지막 사슬에 긴뜨기 6번 ➡ (반대쪽) ➡ 다음 7[9]개 사슬에 각각 긴뜨기 1번씩 ➡ 마지막 사슬에 긴뜨기 5번 ➡ 처음 긴뜨기 코에 빼뜨기하여 연결
2단: 사슬뜨기 1번 ➡ 다음 8[10]코에 각각 긴뜨기 1번씩 ➡ 다음 5코에 각각 긴뜨기 2번씩 ➡ 다음 8[10]코에 각각 긴뜨기 1번씩 ➡ 다음 5코에 각각 긴뜨기 2번씩 ➡ 처음 긴뜨기 코에 빼뜨기하여 연결
3단: 사슬뜨기 1번 ➡ 다음 8[10]코에 각각 긴뜨기 1번씩 ➡ *{다음 코에 긴뜨기 2번 ➡ 다음 코에 긴뜨기 1번} ➡ *을 4번 더 반복 ➡ 다음 8[10]코에 각각 긴뜨기 1번씩 ➡ *을 5번 더 반복 ➡ 처음 긴뜨기 코에 빼뜨기하여 연결

짧은뜨기 2코 모아뜨기(136쪽 참조)
*{코에 바늘 넣기 ➡ 실을 감아 빼기} 다음 코에 *을 반복 ➡ 실을 감아 바늘 위의 고리 3개를 모두 빼내기

한길긴뜨기 11코 모아뜨기(137쪽 참조)
실을 감아 코에 바늘을 넣은 다음 실을 한 번 더 감아서 빼기 ➡ 다시 실을 감아 바늘 위에 걸려 있는 고리 중 2개만 빼내기(바늘 위에 고리 2개가 남음) ➡ 이 과정을 총 11번 반복하고 바늘에 12개의 고리가 남게 되면 실을 감아 한꺼번에 빼내기

한길긴뜨기 12코 모아뜨기(137쪽 참조)
실을 감아 코에 바늘을 넣은 다음 실을 한 번 더 감아서 빼기 ➡ 다시 실을 감아 바늘 위에 걸려 있는 고리 중 2개만 빼내기(바늘 위에 고리 2개가 남음) ➡ 이 과정을 총 12번 반복하고 바늘에 13개의 고리가 남게 되면 실을 감아 한꺼번에 빼내기

실 새로 잇기(139쪽 참조)
사슬코를 만들 때처럼 새 실로 고리를 만들고 새롭게 떠나갈 코에 바늘을 넣은 다음 만들어 둔 실 고리를 걸어 빼기

fringed boots
술 달린 부츠

이 부츠는 카우보이 부츠의 도시 버전이라고 할 수 있어요. 발목에는 뎅그렁 뎅그렁 장식용 술을 매달았고 발등 테두리는 배색실로 강조했어요.

＊왼쪽과 오른쪽 모두 뜨는 법이 같아요.

바닥 뜨기

바닥패턴1
(바탕실로 뜬 다음 실을 끊지 않고 계속 이어서 몸통을 뜹니다.)

몸통 뜨기

1단: (머리 사슬 뒤쪽 한 가닥 주워 뜨기) 사슬뜨기 1번 후 그 코는 건너뛰기 ➡ 다음 45[49]코에 각각 짧은뜨기 1번씩 ➡ 처음 짧은뜨기 코에 빼뜨기하여 연결

2단: (머리 사슬 두 가닥 주워 뜨기) 사슬뜨기 3번 ➡ 다음 45[49]코에 각각 한길긴뜨기 1번씩 ➡ 처음 뜬 사슬 3개 중 3번째 사슬에 빼뜨기하여 연결

3단: 사슬뜨기 1번 ➡ 다음 4[5]코에 각각 짧은뜨기 1번씩 ➡ 짧은뜨기 2코 모아뜨기 11[12]번 반복 ➡ 다음 19[20]코에 짧은뜨기 1번 ➡ 처음 짧은뜨기 코에 빼뜨기하여 연결

4단: (머리 사슬 두 가닥 주워 뜨기) 사슬뜨기 1번 ➡ 다음 4[5]코에 각각 짧은뜨기 1번씩 ➡ (머리 사슬 뒤쪽 한 가닥 주워 뜨기) 한길긴뜨기 11[12]코 모아뜨기 ➡ 머리 사슬 두 가닥을 주워 뜨면서 19[20]코에 각각 짧은뜨기 1번씩 ➡ 처음 짧은뜨기 코에 빼뜨기하여 연결 ❶

5단: 사슬뜨기 3번 ➡ 주위를 돌아가면서 한길긴뜨기 25[27]번 ➡ 처음 뜬 사슬 3개 중 3번째 사슬에 빼뜨기하여 연결

6단: 사슬뜨기 3번(코로 간주하지 않음) ➡ 다음 25[27]코에 각각 한길긴뜨기 1번씩 ➡ 처음 뜬 사슬 3개 중 3번째 사슬에 빼뜨기하여 연결

7단: *{사슬뜨기 8번 ➡ 다음 코의 머리 사슬 앞쪽 한 가닥을 주워 뜨면서 빼뜨기} ➡ 주위를 끝까지 돌아가면서 *을 반복(빼뜨기로 연결하지 않음) (총 25[27]개의 루프가 완성됨)

8단: 사슬뜨기 1번 ➡ 사슬의 남은 가닥을 주워서 전체(25[27]코)를 둘러가며 각각 짧은뜨기 1번씩 ➡ 실을 끊고 마무리 ❷

발등 테두리 뜨기

배색실(크림색)을 사슬의 남은 가닥이 보이는 몸통의 4단 오른쪽 끝에 잇고 ❸ 사슬의 남은 가닥을 주우면서 발등을 따라 돌아가며 빼뜨기 ➡ 실을 끊고 마무리

레 벨	2단계
사이즈	0–6개월: 발바닥 길이 9cm
	6–12개월: 발바닥 길이 10cm
	(수치가 서로 다를 경우 6–12개월은 [ ]로 표시)
실 색상	바탕살: 빨강, 배색실: 크림색
바 늘	3.25mm 또는 5호
준비물	돗바늘
게이지	5×5cm에 짧은뜨기 10코 10단

뜨개법 **바닥패턴1**(140쪽 참조)
1단: 사슬뜨기 11[13]번 ➡ 사슬코에서 3번째 사슬에 긴뜨기 1번 ➡ 다음 7[9]개 사슬에 각각 긴뜨기 1번씩 ➡ 마지막 사슬에 긴뜨기 6번 ➡ (반대쪽) ➡ 다음 7[9]개 사슬에 각각 긴뜨기 1번씩 ➡ 마지막 사슬에 긴뜨기 5번 ➡ 처음 긴뜨기 코에 빼뜨기하여 연결
2단: 사슬뜨기 1번 ➡ 다음 8[10]코에 각각 긴뜨기 1번씩 ➡ 다음 5코에 각각 긴뜨기 2번씩 ➡ 다음 8[10]코에 각각 긴뜨기 1번씩 ➡ 다음 5코에 각각 긴뜨기 2번씩 ➡ 처음 긴뜨기 코에 빼뜨기하여 연결
3단: 사슬뜨기 1번 ➡ 다음 8[10]코에 각각 긴뜨기 1번씩 ➡ *[다음 코에 긴뜨기 2번 ➡ 다음 코에 긴뜨기 1번] ➡ *을 4번 더 반복 ➡ 다음 8[10]코에 각각 긴뜨기 1번씩 ➡ *을 5번 더 반복 ➡ 처음 긴뜨기 코에 빼뜨기하여 연결

한길긴뜨기 2코 모아뜨기(137쪽 참조)
*[바늘에 실을 감아 코에 바늘 넣기 ➡ 실을 감아 빼기 ➡ 실을 감아 바늘 위 고리 중 2개만 빼내기] ➡ 다음 코에 *을 반복 ➡ 마지막으로 실을 감아 바늘 위의 고리 3개를 모두 빼내기

짧은뜨기 2코 모아뜨기(136쪽 참조)
*[코에 바늘 넣기 ➡ 실을 감아 빼기] ➡ 다음 코에 *을 반복 ➡ 실을 감아 바늘 위의 고리 3개를 모두 빼내기

되돌려 짧은뜨기(137쪽 참조)
마지막 코를 뜨고 난 후 편물을 돌리지 않고 바로 오른쪽 코에 바늘을 넣은 후 실을 감아 빼기 ➡ 실을 한 번 더 감아 바늘에 걸려 있는 고리 2개 빼내기 ➡ 그 다음 오른쪽 코에 바늘을 넣고 뜨기(오른쪽 끝까지 같은 방법으로 뜨기)

꼬인실 만들기(139쪽 참조)
실을 반으로 접고 한쪽을 고리나 문손잡이에 건 다음 나머지 한쪽 끝을 한 방향으로 비벼서 꼬임을 만든 후 고리에 걸어두었던 실을 걸어내고 다시 반으로 접기

baseball boots
야구 부츠

캔버스화의 고무 테두리처럼 하얀 테두리가
바닥과 몸통을 이어주는 부츠입니다.
흰색과 빨강이라는 고전적인 색상 매치가
돋보이는 신발로, 적절한 배색이 멋을 더합니다.

＊왼짝과 오른짝 모두 뜨는 법이 같아요.

바닥 뜨기
바닥패턴1
(바탕실로 뜬 다음 실을 끊지 않고 계속 이어서 몸통을 뜹니다.)

옆쪽 흰 테두리 뜨기

배색실(크림색)로 다음과 같이 뜹니다.

1단: (머리 사슬 뒤쪽 한 가닥 주워 뜨기) 사슬뜨기 1번 ➡ 다음 45[49]코에 각각 짧은뜨기 1번씩 ➡ 처음 짧은뜨기 코에 빼뜨기하여 연결

2단: (머리 사슬 두 가닥 주워 뜨기) 사슬뜨기 1번 ➡ 다음 45[49]코에 각각 짧은뜨기 1번씩 ➡ 처음 짧은뜨기 코에 빼뜨기하여 연결

3단: 2단을 반복 ❶

실을 끊지 않고 계속해서 발등을 뜹니다.

발등 뜨기

배색실(크림색)로 다음과 같이 뜹니다.

1단: 다음 3코에 각각 빼뜨기 1번씩 ➡ (머리 사슬 뒤쪽 한 가닥 주워 뜨기) 사슬뜨기 2번 ➡ 다음 3[4]코에 각각 한길긴뜨기 1번씩 ➡ *{한길긴뜨기 2코 모아뜨기 ➡ 다음 코에 한길긴뜨기} ➡ *을 5[6]번 더 반복 ➡ 다음 3[4]코에 각각 한길긴뜨기 1번씩 ➡ 편물 돌리기

2단: 사슬뜨기 2번 ➡ 처음 긴뜨기 코 건너뛰기, 한길긴뜨기 2코 모아뜨기를 9[11]번 뜨되 마지막 한길긴뜨기 2코 모아뜨기는 마지막 한길긴뜨기와 사슬 2개 중 2번째 사슬에 넣어서 뜨기 ➡ 신발을 뒤집어 안쪽이 보이도록 하기 ➡ 발등 양쪽 끝이 만나도록 마주잡은 뒤 머리 사슬들(총 4가닥)을 빼뜨기로 연결 ❷,❸ ➡ 실을 끊고 마무리

겉쪽이 보이도록 신발을 다시 뒤집어줍니다.

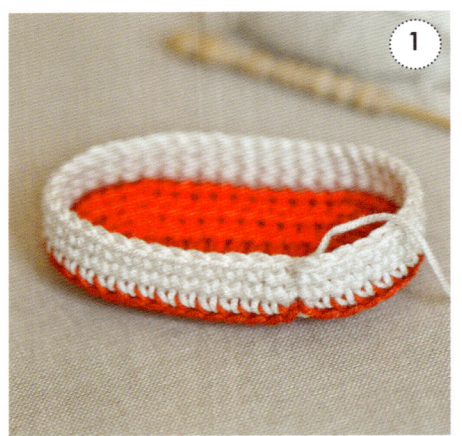

tip

깔끔하고 클래식한 느낌으로 뜨고 싶다면, 주로 흰색 실을 이용해 뜨고 옆쪽 한두 단 정도만 빨강이나 파랑으로 포인트를 주어 뜨면 됩니다.

혀 뜨기

발등에서 혀가 시작되는 곳 오른쪽 끝에 배색실
(크림색)을 잇고 다음과 같이 뜹니다.

1단: 사슬뜨기 1번 ➡ (발등을 가로질러) 다음 7코에
각각 짧은뜨기 1번씩 ➡ 편물 돌리기

2–6단: 사슬뜨기 1번 ➡ 다음 7코에 각각 짧은뜨
기 1번씩 ➡ 편물 돌리기

7단: 사슬뜨기 1번 ➡ 짧은뜨기 2코 모아뜨기 ➡ 다
음 3코에 각각 짧은뜨기 1번씩 ➡ 짧은뜨기 2코
모아뜨기 ➡ 편물 돌리기

8–9단: 사슬뜨기 1번 ➡ 다음 5코에 각각 짧은뜨
기 1번씩 ➡ 편물 돌리기 ➡ 실을 끊고 마무리 ❹

혀 테두리 뜨기

혀와 발등이 만나는 오른쪽 끝에 바탕실(빨강)을
새로 잇고 다음과 같이 뜹니다.

1단: 사슬뜨기 1번 ➡ 혀 테두리를 돌아가며 짧은
뜨기 1번씩(편물은 돌리지 않음)

2단: 모든 코에 되돌려 짧은뜨기 1번씩 ❺

몸통 뜨기

떠놓은 신발의 오른쪽, 발등의 1단 끝에서 오른
쪽으로 4번째 코의 머리 사슬 앞쪽 한 가닥에 바
탕실(흰색)을 잇고 다음과 같이 뜹니다. ❻

1단: 사슬뜨기 1번 후 같은 코에 짧은뜨기 1번 ➡
(뒤꿈치 쪽으로 돌아가며) 다음 29[28]코에 각각 짧은
뜨기 1번씩 뜨되 사슬의 남은 가닥이 있는 경우
는 그 가닥만, 사슬 두 가닥이 있는 경우에는 두
가닥 모두를 주워 뜨기 ➡ 편물 돌리기

2단: 사슬뜨기 1번 ➡ 다음 30[29] 코에 각각 짧은
뜨기 1번씩 ➡ 편물 돌리기

3단: 사슬뜨기 1번 ➡ 짧은뜨기 2코 모아뜨기 ➡ 사
슬뜨기 1번 ➡ 다음 코 건너뛰기 ➡ 다음 24[23]코
에 각각 짧은뜨기 1번씩 ➡ 사슬뜨기 1번 ➡ 다음
코 건너뛰기 ➡ 짧은뜨기 2코 모아뜨기 ➡ 편물 돌
리기

4단: 사슬뜨기 1번 ➡ 다음 코들과 (이전 단의 사슬뜨
기와 다음 코 건너뛰기로 인해 생긴) 사슬 공간에 각각
짧은뜨기 1번씩(총 28[27]코) ➡ 편물 돌리기

5단: 사슬뜨기 1번 ➡ 짧은뜨기 2코 모아뜨기 ➡ 사슬뜨기 1번 ➡ 다음 코 건너뛰기 ➡ 다음 22[21]코에 각각 짧은뜨기 1번씩 ➡ 사슬뜨기 1번 ➡ 다음 코 건너뛰기 ➡ 짧은뜨기 2코 모아뜨기 ➡ 편물 돌리기

6단: 사슬뜨기 1번 ➡ 다음 코들과 사슬 공간에 각각 짧은뜨기 1번씩(총 26[25]코) ➡ 편물 돌리기

7단: 사슬뜨기 1번 ➡ 다음 코에 짧은뜨기 1번 ➡ 사슬뜨기 1번 ➡ 다음 코 건너뛰기 ➡ 다음 22[21]코에 각각 짧은뜨기 1번씩 ➡ 사슬뜨기 1번 ➡ 다음 코 건너뛰기 ➡ 다음 코에 짧은뜨기 1번 ➡ 편물 돌리기

8–9단: 6단과 7단을 반복

10단: 6단을 한 번 더 반복 ➡ 실을 끊고 마무리 ❼

몸통 테두리 뜨기

배색실(크림색)을 몸통이 시작되는 첫 코에 잇고 다음과 같이 뜹니다.

1단: 사슬뜨기 1번 ➡ 몸통 단의 끝(수직 방향)을 따라 각각 짧은뜨기 1번씩 ➡ 이어서 몸통 마지막 단을 따라 각각 짧은뜨기 1번씩 ➡ 이어서 반대쪽 단의 끝(수직 방향)을 따라 각각 짧은뜨기 1번씩(편물 돌리기는 하지 않음)

2단: 모든 코에 되돌려 짧은뜨기 1번씩 ➡ 실을 끊고 마무리 ❽

스트라이프 무늬 뜨기

사진을 참고해 사선 스트라이프가 시작되는 부분에 배색실(크림색)을 잇고 사선 방향으로 빼뜨기를 합니다. ❾

···

배색실(크림색)을 65cm 정도 길이로 자르고 실을 꼬아 밧줄처럼 만든 후 76쪽 그림을 참고해 몸통 끝 쪽에 적당히 끼워 묶습니다.

레 벨	3단계
사이즈	0–6개월: 발바닥 길이 9cm
	6–12개월: 발바닥 길이 10cm
	(수치가 서로 다를 경우 6–12개월은 [ ]로 표시)
실 색상	진한 갈색
바 늘	3.25mm 또는 5호
준비물	돗바늘, 단추 4개
게이지	5×5cm에 짧은뜨기 10코 10단
뜨개법	**바닥패턴1**(140쪽 참조)

바닥패턴1(140쪽 참조)
1단: 사슬뜨기 11[13]번 → 사슬코에서 3번째 사슬에 긴뜨기 1번 → 다음 7[9]개 사슬에 각각 긴뜨기 1번씩 → 마지막 사슬에 긴뜨기 6번 → (반대쪽) → 다음 7[9]개 사슬에 각각 긴뜨기 1번씩 → 마지막 사슬에 긴뜨기 5번 → 처음 긴뜨기 코에 빼뜨기하여 연결
2단: 사슬뜨기 1번 → 다음 8[10]코에 각각 긴뜨기 1번씩 → 다음 5코에 각각 긴뜨기 2번씩 → 다음 8[10]코에 각각 긴뜨기 1번씩 → 다음 5코에 각각 긴뜨기 2번씩 → 처음 긴뜨기 코에 빼뜨기하여 연결
3단: 사슬뜨기 1번 → 다음 8[10]코에 각각 긴뜨기 1번씩 → *{다음 코에 긴뜨기 2번 → 다음 코에 긴뜨기 1번} → 을 4번 더 반복 → 다음 8[10]코에 각각 긴뜨기 1번씩 → *을 5번 더 반복 → 처음 긴뜨기 코에 빼뜨기하여 연결

이중바닥(140쪽 참조)
바닥을 2장 뜨기 → 한 장은 실을 끊고, 다른 한 장은 실을 남겨두기 → 바닥 2장을 안과 안이 마주하게 놓고, 바깥쪽에서 실을 끌어낸 다음 빼뜨기로 둘려가며 바닥 2장을 연결

한길긴뜨기 앞걸어뜨기(137쪽 참조)
바늘에 실을 감고 (머리 사슬이 아닌) 기둥(혹은 다리)을 앞쪽에서 뒤쪽으로 주운 다음 다시 실을 감아 빼내기 → 실을 감아 바늘의 고리를 2개씩 2번에 걸쳐 빼내기

한길긴뜨기 뒤걸어뜨기(137쪽 참조)
바늘에 실을 감고 (머리 사슬이 아닌) 기둥(혹은 다리)을 뒤쪽에서 앞쪽으로 주운 다음 다시 실을 감아 빼내기 → 실을 감아 바늘의 고리를 2개씩 2번에 걸쳐 빼내기

한길긴뜨기 2코 모아뜨기(137쪽 참조)
*{바늘에 실을 감아 코에 바늘 넣기 → 실을 감아 빼기 → 실을 감아 바늘 위 고리 중 2개만 빼내기} → 다음 코에 *을 반복 → 마지막으로 실을 감아 바늘 위의 고리 3개를 모두 빼내기

실 새로 잇기(139쪽 참조)
사슬코를 만들 때처럼 새 실로 고리를 만들고 새롭게 떠나갈 코에 바늘을 넣은 다음 만들어 둔 실 고리를 걸어 빼기

biker boots
바이커 부츠

넓은 굽을 기본으로 한 밋밋한 룩에
스트랩 디테일로 포인트를 살린
멋진 부츠입니다. 시크한 느낌을 살리려면 검정이나
진한 갈색 실로 뜨는 것이 좋습니다.

＊왼짝과 오른짝 모두 뜨는 법이 같아요.

바닥 뜨기
바닥패턴1의 이중바닥
(뜨기가 끝나면 실을 끊어 매듭짓습니다.)

몸통 뜨기

바닥의 뒤꿈치 중앙에 새 실을 이은 다음 이중바닥을 만들면서 생긴 빼뜨기 머리 사슬 두 가닥을 주워서 다음과 같이 뜹니다.

1단: 사슬뜨기 3번(첫 번째 한길긴뜨기로 간주) ➡ 다음 45[49]코에 각각 한길긴뜨기 1번씩 ➡ 처음 뜬 사슬 3개 중 3번째 사슬에 빼뜨기하여 연결

2단: 사슬뜨기 3번 ➡ *(한길긴뜨기 앞걸어뜨기 1번 ➡ 한길긴뜨기 뒤걸어뜨기 1번} ➡ *을 21[23]번 더 반복 ➡ 한길긴뜨기 앞걸어뜨기 1번 ➡ 처음 뜬 사슬 3개 중 3번째 사슬에 빼뜨기하여 연결 ❶

##6-12개월: 사슬뜨기 1번 ➡ 다음 17코에 각각 짧은뜨기 1번씩 ➡ 다음 2코 건너뛰기 ➡ 다음 11코에 각각 한길긴뜨기 1번씩 ➡ 다음 2코 건너뛰기

➡ 다음 17코에 각각 짧은뜨기 1번씩 ➡ 처음 짧은뜨기 코에 빼뜨기하여 연결

##6-12개월의 경우 2단과 3단 사이에 한 단을 더 뜹니다.

3[4]단: 사슬뜨기 1번 후 그 코는 건너뛰기 ➡ 다음 15코에 각각 짧은뜨기 1번씩 ➡ 다음 2코 건너뛰기 ➡ 다음 11코에 각각 한길긴뜨기 1번씩 ➡ 다음 2코 건너뛰기 ➡ 다음 15코에 각각 짧은뜨기 1번씩 ➡ 처음 짧은뜨기 코에 빼뜨기하여 연결

4[5]단: 사슬뜨기 1번 ➡ 다음 13코에 각각 짧은뜨기 1번씩 ➡ 다음 2코 건너뛰기 ➡ 다음 11코에 각각 한길긴뜨기 1번씩 ➡ 다음 2코 건너뛰기 ➡ 다음 13코에 각각 짧은뜨기 1번씩 ➡ 처음 짧은뜨기 코에 빼뜨기하여 연결

5[6]단: 사슬뜨기 1번 ➡ 다음 11코에 각각 짧은뜨기 1번씩 ➡ 다음 2코 건너뛰기 ➡ 한길긴뜨기 2코 모아뜨기 5번 ➡ 다음 코에 한길긴뜨기 1번 ➡ 다음 2코 건너뛰기 ➡ 다음 11코에 각각 짧은뜨기 1번씩 ➡ 처음 짧은뜨기 코에 빼뜨기하여 연결 ❷

6[7]단: 사슬뜨기 1번 ➡ 다음 28코에 각각 짧은뜨기 1번씩 ➡ 처음 짧은뜨기 코에 빼뜨기하여 연결

7[8]-16[17]단: 6[7]단을 10번 더 반복 ❸

실을 끊지 않고 발목을 이어 뜹니다.

80

오른짝 발목 끝부분 뜨기

17[18]단: 사슬뜨기 1번 ➡ 다음 22코에 각각 짧은 뜨기 1번씩 ➡ 다음 코에 한길긴뜨기 5번 ➡ 다음 5 코 각각에 짧은뜨기 1번씩 ➡ 처음 짧은뜨기 코에 빼뜨기하여 연결

18[19]단: 사슬뜨기 1번 ➡ 다음 22코에 각각 짧은 뜨기 1번씩 ➡ *(한길긴뜨기 앞걸어뜨기 1번 ➡ 한 길긴뜨기 뒤걸어뜨기 1번) ➡ *을 한 번 더 반복 ➡ 한길긴뜨기 앞걸어뜨기 1번 ➡ 다음 5코에 각각 짧은뜨기 1번씩 ➡ 처음 짧은뜨기 코에 빼뜨기하 여 연결

19[20]단: 18[19]단을 한 번씩 더 반복 ➡ 실을 끊 고 마무리 ❹

왼짝 발목 끝부분 뜨기

17[18]단: 사슬뜨기 1번 ➡ 다음 6코에 각각 짧은 뜨기 1번씩 ➡ 다음 코에 한길긴뜨기 5번 ➡ 다음 21코에 각각 짧은뜨기 1번씩 ➡ 처음 짧은뜨기 코 에 빼뜨기하여 연결

18[19]단: 사슬뜨기 1번 ➡ 다음 6코에 각각 짧은 뜨기 1번씩 ➡ *(한길긴뜨기 앞걸어뜨기 1번 ➡ 한 길긴뜨기 뒤걸어뜨기 1번) ➡ *을 한 번 더 반복 ➡ 한길긴뜨기 앞걸어뜨기 1번 ➡ 다음 21코에 각각 짧은뜨기 1번씩 ➡ 처음 짧은뜨기 코에 빼뜨기하 여 연결

19[20]단: 18[19]단을 한 번씩 더 반복 ➡ 실을 끊 고 마무리

스트랩 뜨기

다음과 같이 총 2개를 뜹니다.

기초 사슬: 사슬뜨기 10번

1단: 사슬코에서 2번째 사슬에 짧은뜨기 1번 ➡ 이 후 7개 사슬에 각각 짧은뜨기 1번씩 ➡ 마지막 사 슬에 짧은뜨기 5번 ➡ (반대쪽) ➡ 다음 7코에 각각 짧은뜨기 1번씩 ➡ 마지막 코에 짧은뜨기 4번 ➡ 처음 짧은뜨기 코에 빼뜨기하여 연결 ➡ 실을 끊 고 마무리

* * *

79쪽 사진을 참고해 스트랩을 달아줍니다. 먼저 첫 번째(아래쪽) 스트랩은 발목 앞쪽을 가로지르듯 이 놓고 한쪽을 돗바늘을 이용해 고정한 다음 반 대쪽 끝에 단추를 놓고 역시 돗바늘로 고정시킵 니다.

두 번째(위쪽) 스트랩은 발목 바깥의 한길긴뜨기 5 개를 한 곳에 왼쪽에 한쪽 끝을 고정하고 다른 한쪽 끝은 한길긴뜨기 5개를 한 곳에 단추와 함께 고 정시킵니다. ❺

레 벨	3단계
사이즈	0-6개월: 발바닥 길이 9cm
	6-12개월: 발바닥 길이 10cm
	(수치가 서로 다를 경우 6-12개월은 [ ]로 표시)
실 색상	바탕실: 아쿠아 블루, 배색실: 진한 회색
바 늘	3.25mm 또는 5호
준비물	스티치 마커
게이지	5×5cm에 짧은뜨기 10코 10단

뜨개법 **바닥패턴1**(140쪽 참조)
1단: 사슬뜨기 11[13]번 ➡ 사슬코에서 3번째 사슬에 긴뜨기 1번 ➡ 다음 7[9]개 사슬에 각각 긴뜨기 1번씩 ➡ 마지막 사슬에 긴뜨기 6번 ➡ (반대쪽) 다음 7[9]개 사슬에 각각 긴뜨기 1번씩 ➡ 마지막 사슬에 긴뜨기 5번 ➡ 처음 긴뜨기 코에 빼뜨기하여 연결

2단: 사슬뜨기 1번 ➡ 다음 8[10]코에 각각 긴뜨기 1번씩 ➡ 다음 5코에 각각 긴뜨기 2번씩 ➡ 다음 8[10]코에 각각 긴뜨기 1번씩 ➡ 다음 5코에 각각 긴뜨기 2번씩 ➡ 처음 긴뜨기 코에 빼뜨기하여 연결

3단: 사슬뜨기 1번 ➡ 다음 8[10]코에 각각 긴뜨기 1번씩 ➡ *(다음 코에 긴뜨기 2번 ➡ 다음 코에 긴뜨기 1번) ➡ *을 4번 더 반복 ➡ 다음 8[10]코에 각각 긴뜨기 1번씩 ➡ *을 5번 더 반복 처음 긴뜨기 코에 빼뜨기하여 연결

한길긴뜨기 앞걸어뜨기(137쪽 참조)
바늘에 실을 감고 (머리 사슬이 아닌) 기둥(혹은 다리)을 앞쪽에서 뒤쪽으로 주운 다음 다시 실을 감아 빼내기 ➡ 실을 감아 바늘의 고리를 2개씩 2번에 걸쳐 빼내기

한길긴뜨기 뒤걸어뜨기(137쪽 참조)
바늘에 실을 감고 (머리 사슬이 아닌) 기둥(혹은 다리)을 뒤쪽에서 앞쪽으로 주운 다음 다시 실을 감아 빼내기 ➡ 실을 감아 바늘의 고리를 2개씩 2번에 걸쳐 빼내기

실 새로 잇기(139쪽 참조)
사슬코를 만들 때처럼 새 실로 고리를 만들고 새롭게 떠나갈 코에 바늘을 넣은 다음 만들어 둔 실 고리를 걸어 빼기

꼬인실 만들기(139쪽 참조)
실을 반으로 접고 한쪽을 고리나 문손잡이에 건 다음 나머지 한쪽 끝을 한 방향으로 비벼서 꼬임을 만든 후 고리에 걸어두었던 실을 걸어 내고 다시 반으로 접기

snow boots
스노 부츠

눈 오는 날 우중충한 분위기를
밝은 아쿠아 컬러로 밝게 바꾸어 봐요.
바닥을 둘러싸는 검정줄무늬로
고무장화 같은 느낌을 주었고
꼬아 만든 실로 리본을 묶어 마무리했어요.

*왼짝과 오른짝 모두 뜨는 법이 같아요.

바닥 뜨기

바닥패턴1
(바탕실로 뜬 다음 실을 끊지 않고 계속 이어서 몸통을 뜹니다.)

몸통 뜨기

바닥을 뜨던 실(아쿠아 블루)을 끊지 않은 상태에서 배색실(진한 회색)로 바꾸면서 다음과 같이 뜹니다. (136쪽 '중간에 실 바꾸기' 참조)

1단: (머리 사슬 뒤쪽 한 가닥 주워 뜨기) 사슬뜨기 1번 후 그 코는 건너뛰기 ➡ 다음 2코에 각각 짧은뜨기 1번씩 ➡ (머리 사슬 두 가닥 주워 뜨기) 다음 26[30]코에 각각 짧은뜨기 1번씩 ➡ (머리 사슬 뒤쪽 한 가닥 주워 뜨기) 다음 17코에 각각 짧은뜨기 1번씩 (총 45[49]개의 짧은뜨기) ➡ 처음 짧은뜨기 코에 빼뜨기하여 연결 ➡ 실을 끊고 바탕실(아쿠아 블루)로 바꿔 뜨기

2단: 사슬뜨기 1번 ➡ 다음 코에 짧은뜨기 2번 ➡ 이후 끝까지 {다음 코 건너뛰기 ➡ 다음 코에 짧은뜨기 2번} 반복 (총 46[50]개의 짧은뜨기) ➡ 처음 짧은뜨기 코에 빼뜨기하여 연결 ❶

3단: 사슬뜨기 1번 ➡ 다음 코에 짧은뜨기 2번 ➡ 이후 끝까지 {다음 코 건너뛰기 ➡ 다음 코에 짧은뜨기 2번} 반복 (총 46[50]개의 짧은뜨기) ➡ 마지막 코 건너뛰기 ➡ 처음 짧은뜨기 코에 빼뜨기하여 연결

4단: 사슬뜨기 1번 ➡ 다음 코에 짧은뜨기 2번 ➡ {다음 코 건너뛰기 ➡ 다음 코에 짧은뜨기 2번}을 3번 반복 ➡ *{다음 코 건너뛰기 ➡ 다음 코에 짧은뜨기 1번} ➡ *을 7[9]번 더 반복 ➡ {다음 코 건너뛰기 ➡ 다음 코에 짧은뜨기 2번}을 11번 반복 ➡ 마지막 코 건너뛰기(총 38[40]개의 짧은뜨기) ➡ 처음 짧은뜨기 코에 빼뜨기하여 연결 ❷

5단: 사슬뜨기 1번 ➡ 다음 코에 짧은뜨기 2번 ➡ 이후 끝까지 {다음 코 건너뛰기 ➡ 다음 코에 짧은뜨기 2번} 반복 ➡ 마지막 코 건너뛰기 ➡ 처음 짧은뜨기 코에 빼뜨기하여 연결(총 38[40]개의 짧은뜨기)

6단: 사슬뜨기 1번 ➡ 다음 코에 짧은뜨기 2번 ➡ {다음 코 건너뛰기 ➡ 다음 코에 짧은뜨기 2번}을 3번 반복 ➡ *{다음 코 건너뛰기 ➡ 다음 코에 짧은뜨기 1번} ➡ *을 5[7]번 더 반복 ➡ {다음 코 건너뛰기 ➡ 다음 코에 짧은뜨기 2번}을 9[8]번 반복 ➡ 마지막 코 건너뛰기(총 32개의 짧은뜨기) ➡ 빼뜨기 없이 다음 단 이어 뜨기

7-14단: 사슬 1개는 건너뛰고 사슬뜨기를 했던 코에 스티치 마커 끼우기 ➡ {다음 코에 짧은뜨기 2번 ➡ 다음 코 건너뛰기를 여덟 단을 다 뜰 때까지 계속 뜨다가 마커를 끼워둔 위치로 돌아오면 다음 코에 빼뜨기 ❸

15단: 사슬뜨기 3번 ➡ 다음 32코에 각각 한길긴 뜨기 1번씩 ➡ 처음 뜬 사슬 3개 중 3번째 사슬에 빼뜨기하여 연결

16단: 사슬뜨기 3번 ➡ *{다음 코에 한길긴뜨기 앞걸어뜨기 1번 ➡ 다음 코에 한길긴뜨기 뒤걸어뜨기 1번} ➡ *을 끝까지 반복 ➡ 처음 뜬 사슬 3개 중 3번째 사슬에 빼뜨기하여 연결 ❹ ➡ 실을 끊고 마무리

뒤꿈치 뜨기

몸통의 1단 사슬의 남은 가닥(그림❺ 참조)에 배색실(진한 회색)을 새로 잇고 다음과 같이 뜹니다.

(계속 사슬의 남은 가닥 주워 뜨기) 사슬뜨기 1번 ❺ ➡ 같은 코에 짧은뜨기 1번 ➡ 다음 19코에 각각 짧은뜨기 1번씩 ➡ 편물을 돌리지 말고 모든 코에 되돌려 짧은뜨기 ❻ ➡ 실을 끊고 마무리 ❼

···

82쪽 사진을 참고해 배색실(진한 회색)을 45cm 정도 길이로 자르고 실을 꼬아 밧줄처럼 만든 다음 몸통의 마지막 단에 끼워 묶어줍니다.

레 벨	3단계
사이즈	0-6개월: 발바닥 길이 9cm
	6-12개월: 발바닥 길이 10cm
	(수치가 서로 다를 경우 6-12개월은 [ ]로 표시)
실 색상	바탕실: 오렌지색, 배색실: 진한 갈색
바 늘	3.25mm 또는 5호
게이지	5×5cm에 짧은뜨기 10코 10단
뜨개법	바닥패턴1(140쪽 참조)

바닥패턴1(140쪽 참조)

1단: 사슬뜨기 11[13]번 → 사슬코에서 3번째 사슬에 긴뜨기 1번 → 다음 7[9]개 사슬에 각각 긴뜨기 1번씩 → 마지막 사슬에 긴뜨기 6번 → (반대쪽) → 다음 7[9]개 사슬에 각각 긴뜨기 1번씩 → 마지막 사슬에 긴뜨기 5번 → 처음 긴뜨기 코에 빼뜨기하여 연결

2단: 사슬뜨기 1번 → 다음 8[10]코에 각각 긴뜨기 1번씩 → 다음 5코에 각각 긴뜨기 2번씩 → 다음 8[10]코에 각각 긴뜨기 1번씩 → 다음 5코에 각각 긴뜨기 2번씩 → 처음 긴뜨기 코에 빼뜨기하여 연결

3단: 사슬뜨기 1번 → 다음 8[10]코에 각각 긴뜨기 1번씩 → *(다음 코에 긴뜨기 2번 → 다음 코에 긴뜨기 1번) → *을 4번 더 반복 → 다음 8[10]코에 각각 긴뜨기 1번씩 → *을 5번 더 반복 → 처음 긴뜨기 코에 빼뜨기하여 연결

한길긴뜨기 앞걸어뜨기(137쪽 참조)

바늘에 실을 감고 (머리 사슬이 아닌) 기둥(혹은 다리)을 앞쪽에서 뒤쪽으로 주운 다음 다시 실을 감아 빼내기 → 실을 감아 바늘의 고리를 2개씩 2번에 걸쳐 빼내기

한길긴뜨기 뒤걸어뜨기(137쪽 참조)

바늘에 실을 감고 (머리 사슬이 아닌) 기둥(혹은 다리)을 뒤쪽에서 앞쪽으로 주운 다음 다시 실을 감아 빼내기 → 실을 감아 바늘의 고리를 2개씩 2번에 걸쳐 빼내기

실 새로 잇기(139쪽 참조)

사슬코를 만들 때처럼 새 실로 고리를 만들고 새롭게 떠나갈 코에 바늘을 넣은 다음 만들어둔 실 고리를 걸어 빼기

꼬인실 만들기(139쪽 참조)

실을 반으로 접고 한쪽을 고리나 문손잡이에 건 다음 나머지 한쪽 끝을 한 방향으로 비벼서 꼬임을 만든 후 고리에 걸어두었던 실을 걸어내고 다시 반으로 접기

work boots
워크 부츠

열심히 일하는 일꾼처럼 야무진 신발입니다.
배색실은 넉넉히 준비해서 여섯 쌍의 구멍에 끼워
단단하게 묶을 수 있도록 하세요.

*왼짝과 오른짝 모두 뜨는 법이 같아요.

바닥 뜨기

바닥패턴1

(바탕실로 뜬 다음 실을 끊지 않고 계속 이어서 몸통을 뜹니다.)

몸통 뜨기

1단: (머리 사슬 뒤쪽 한 가닥 주워 뜨기) 사슬뜨기 1번 ➡ 다음 46[50]코에 각각 짧은뜨기 1번씩 ➡ 처음 짧은뜨기 코에 빼뜨기하여 연결

2단: (머리 사슬 두 가닥 주워 뜨기) 사슬뜨기 1번 ➡ 다음 9[11]코에 각각 짧은뜨기 1번씩 ➡ 다음 2코 건너뛰기 ➡ 다음 9코에 각각 한길긴뜨기 1번씩 ➡ 다음 2코 건너뛰기 ➡ 다음 24[26]코에 각각 짧은뜨기 1번씩 ➡ 처음 짧은뜨기 코에 빼뜨기하여 연결

3단: 사슬뜨기 1번 ➡ 다음 7[9]코에 각각 짧은뜨기 1번씩 ➡ 다음 2코 건너뛰기 ➡ *{다음 코에 한길긴뜨기 앞걸어뜨기 1번 ➡ 다음 코에 한길긴뜨기 뒤걸어뜨기 1번} ➡ *을 3번 더 반복 ➡ 다음 코에 한길긴뜨기 앞걸어뜨기 1번 ➡ 다음 2코 건너뛰기 ➡ 다음 22[24]코에 각각 짧은뜨기 1번씩 ➡ 처음 짧은뜨기 코에 빼뜨기하여 연결 ❶

4단: 사슬뜨기 1번 ➡ 다음 5[7]코에 각각 짧은뜨기 1번씩 ➡ 다음 2코 건너뛰기 ➡ *{다음 코에 한길긴뜨기 앞걸어뜨기 1번 ➡ 다음 코에 한길긴뜨기 뒤걸어뜨기 1번} ➡ *을 3번 더 반복 ➡ 다음 코에 한길긴뜨기 앞걸어뜨기 1번 ➡ 다음 2코 건너뛰기 ➡ 다음 20[22]코에 각각 짧은뜨기 1번씩 ➡ 처음 짧은뜨기 코에 빼뜨기하여 연결

5단: 사슬뜨기 1번 ➡ 다음 3[5]코에 각각 짧은뜨기 1번씩 ➡ 다음 2코 건너뛰기 ➡ *{다음 코에 한길긴뜨기 뒤걸어뜨기 1번} ➡ *을 3번 더 반복 ➡ 다음 코에 한길긴뜨기 앞걸어뜨기 1번 ➡ 다음 2코 건너뛰기 ➡ 다음 18[20]코에 각각 짧은뜨기 1번씩 ➡ 처음 짧은뜨기 코에 빼뜨기하여 연결

6단: 사슬뜨기 1번 ➡ 다음 1[3]코에 각각 짧은뜨기 1번씩 ➡ 다음 2코 건너뛰기 ➡ *{다음 코에 한길긴뜨기 앞걸어뜨기 1번 ➡ 다음 코에 한길긴뜨기 뒤걸어뜨기 1번} ➡ *을 3번 더 반복 ➡ 다음 코에 한길긴뜨기 앞걸어뜨기 1번 ➡ 다음 2코 건너뛰기 ➡ 다음 16[18]코에 각각 짧은뜨기 1번씩 ➡ 처음 짧은뜨기 코에 빼뜨기하여 연결 ❷

##6-12개월: 사슬뜨기 1번 ➡ 다음 코에 짧은뜨기 1번 ➡ 다음 2코 건너뛰기 ➡ *{다음 코에 한길긴뜨기 앞걸어뜨기 1번 ➡ 다음 코에 한길긴뜨기 뒤걸어뜨기 1번} ➡ *을 3번 더 반복 ➡ 다음 코에 한길긴뜨기 앞걸어뜨기 1번 ➡ 다음 2코 건너뛰기 ➡ 다음 16코에 각각 짧은뜨기 1번씩 ➡ 처음 짧은뜨기 코에 빼뜨기하여 연결

##6-12개월의 경우만 한 단 더 뜹니다.

발목 뜨기

1단: 사슬뜨기 3번 ➡ 다음 코에 한길긴뜨기 1번 ➡ *{다음 코에 한길긴뜨기 앞걸어뜨기 1번 ➡ 다음 코에 한길긴뜨기 뒤걸어뜨기 1번} ➡ *을 3번 더 반복 ➡ 다음 코에 한길긴뜨기 앞걸어뜨기 1번 ➡ 다음 16코에 각각 한길긴뜨기 1번씩 ➡ 처음 뜬 사슬 3개 중 3번째 사슬에 빼뜨기하여 연결

2단: 사슬뜨기 3번 ➡ 다음 코에 한길긴뜨기 뒤걸어뜨기 1번 ➡ *{다음 코에 한길긴뜨기 앞걸어뜨

기 1번 ➡ 다음 코에 한길긴뜨기 뒤걸어뜨기 1번}
➡ *을 3번 더 반복 ➡ 다음 코에 한길긴뜨기 앞걸
어뜨기 1번 ➡ **{다음 2코에 각각 한길긴뜨기 뒤
걸어뜨기 1번씩 ➡ 다음 2코에 각각 한길긴뜨기
앞걸어뜨기 1번씩} ➡ **을 3번 더 반복 ➡ 처음 뜬
사슬 3개 중 3번째 사슬에 빼뜨기하여 연결

3단: 2단을 반복

4단: 사슬뜨기 3번 ➡ 다음 코에 한길긴뜨기 앞걸
어뜨기 1번 ➡ *{다음 코에 한길긴뜨기 앞걸어뜨
기 1번 ➡ 다음 코에 한길긴뜨기 뒤걸어뜨기 1번}
➡ *을 3번 더 반복 ➡ 다음 코에 한길긴뜨기 앞걸
어뜨기 1번 ➡ **{다음 2코에 각각 한길긴뜨기 앞
걸어뜨기 1번씩 ➡ 다음 2코에 각각 한길긴뜨기
뒤걸어뜨기 1번씩} ➡ **을 3번 더 반복 ➡ 처음 뜬
사슬 3개 중 3번째 사슬에 빼뜨기하여 연결

5단: 4단을 반복

6~7단: 2단을 2번 더 반복 ➡ 실을 끊고 마무리 ❸

• • •

배색실(진한 갈색)을 75cm 정도 길이로 자르고 실
을 꼬아 밧줄처럼 만든 다음, 사진을 참고해 끼워
묶어줍니다. ❹

tip

실을 꼬아 쓰는 대신 적당한 길이로 사슬뜨기를
하여 끈으로 사용해도 좋아요. 대신 끈으로 묶기에
충분한 길이만큼 사슬뜨기를 해야 한다는 점을
명심하세요!

part3.
시원한 아기 샌들

레 벨	1단계
사이즈	0-6개월: 발바닥 길이 9cm
	6-12개월: 발바닥 길이 10cm
	(수치가 서로 다를 경우 6-12개월은 [ ]로 표시)
실 색상	노랑
바 늘	3.25mm 또는 5호
준비물	돗바늘, 단추 2개
게이지	5×5cm에 짧은뜨기 10코 10단
뜨개법	**바닥패턴1**(140쪽 참조)

바닥패턴1(140쪽 참조)
1단: 사슬뜨기 11[13]번 ➡ 사슬코에서 3번째 사슬에 긴뜨기 1번 ➡ 다음 7[9]개 사슬에 각각 긴뜨기 1번씩 ➡ 마지막 사슬에 긴뜨기 6번 ➡ (반대쪽) ➡ 다음 7[9]개 사슬에 각각 긴뜨기 1번씩 ➡ 마지막 사슬에 긴뜨기 5번 ➡ 처음 긴뜨기 코에 빼뜨기하여 연결

2단: 사슬뜨기 1번 ➡ 다음 8[10]코에 각각 긴뜨기 1번씩 ➡ 다음 5코에 각각 긴뜨기 2번씩 ➡ 다음 8[10]코에 각각 긴뜨기 1번씩 ➡ 다음 5코에 각각 긴뜨기 2번씩 ➡ 처음 긴뜨기 코에 빼뜨기하여 연결

3단: 사슬뜨기 1번 ➡ 다음 8[10]코에 각각 긴뜨기 1번씩 ➡ *{다음 코에 긴뜨기 2번 ➡ 다음 코에 긴뜨기 1번} ➡ *을 4번 더 반복 ➡ 다음 8[10]코에 각각 긴뜨기 1번씩 ➡ *을 5번 더 반복 ➡ 처음 긴뜨기 코에 빼뜨기하여 연결

이중바닥(140쪽 참조)
바닥을 2장 뜨기 ➡ 한 장은 실을 끊고, 다른 한 장은 실을 남겨두기 ➡ 바닥 2장을 안과 안이 마주하게 놓고, 바깥쪽에서 실을 끌어낸 다음 빼뜨기로 둘러가며 바닥 2장을 연결

짧은뜨기 2코 모아뜨기(136쪽 참조)
*{코에 바늘 넣기 ➡ 실을 감아 빼기} ➡ 다음 코에 *을 반복 ➡ 실을 감아 바늘 위의 고리 3개를 모두 빼내기

실 새로 잇기(139쪽 참조)
사슬코를 만들 때처럼 새 실로 고리를 만들고 새롭게 떠나갈 코에 바늘을 넣은 다음 만들어 둔 실 고리를 걸어 빼기

jelly sandals
젤리 샌들

한 여름의 신발이라면 뭐니 뭐니 해도 젤리 샌들! 스트랩 세 줄이 발등을 덮고 있는 상큼한 노란색의 젤리 샌들을 만들어봐요.

*왼짝과 오른짝의 뜨는 법이 조금 다르니 주의하세요.

바닥 뜨기
바닥패턴1의 이중바닥
(뜨기가 끝나면 실을 끊어 매듭짓습니다.)

오른짝 뒤꿈치 뜨기

바닥의 옆쪽 9[11]코의 중앙(100쪽 바닥 사진 참조)에 실을 잇고 이중바닥을 만들면서 생긴 빼뜨기 머리 사슬 두 가닥을 주워서 다음과 같이 뜹니다.

1단: 사슬뜨기 1번 후 같은 코에 짧은뜨기 1번 ➡ 다음 24[26]코에 각각 짧은뜨기 1번씩 ➡ 편물 돌리기 ❶

2단: 짧은뜨기 2코 모아뜨기 ➡ 다음 21[23]코에 각각 짧은뜨기 1번씩 ➡ 짧은뜨기 2코 모아뜨기 ➡ 편물 돌리기

3단: 사슬뜨기 1번 ➡ *{다음 코에 짧은뜨기 1번 ➡ 다음 코에 한길긴뜨기 1번} ➡ *을 계속 반복하다가(11번) 마지막 코에 짧은뜨기 1번 ➡ 편물 돌리기 (총 23[25]코)

4단: 사슬뜨기 1번 ➡ 다음 코에 짧은뜨기 1번 ➡ *{다음 코에 짧은뜨기 1번 ➡ 다음 코에 한길긴뜨기 1번} ➡ *을 계속 반복하다가(10번) 마지막 2코에 각각 짧은뜨기 1번씩 ➡ 편물 돌리기 (총 23[25]코)

5–6단: 3단과 4단을 반복

7단(발목 스트랩): 사슬뜨기 14번 ➡ 사슬코에서 7번째 사슬에 짧은뜨기 1번 ➡ 다음 사슬들에 각각 짧은뜨기 1번씩 ➡ (뒤꿈치의) 다음 5[6]코에 각각 짧은뜨기 1번씩 ➡ 짧은뜨기 2코 모아뜨기 3번 ➡ 다음 코에 짧은뜨기 1번 ➡ 짧은뜨기 2코 모아뜨기 3번 ➡ 다음 5[6]코에 각각 짧은뜨기 1번씩 ➡ 실을 끊고 마무리 ❷

오른짝 발등 스트랩 3줄 뜨기

발목 스트랩이 달린 쪽 뒤꿈치 시작 부분에서 발가락 쪽으로 2[3]코(빼뜨기 코) 건너뛰고 다음 빼뜨기 코 머리 사슬에 새 실을 이은 후 다음과 같이 뜹니다.

1단: 사슬뜨기 1번 후 같은 코에 짧은뜨기 1번 ➡ 다음 2코에 각각 짧은뜨기 1번씩 ❸ ➡ 편물 돌리기 ➡ *{사슬뜨기 13번 ➡ 사슬코에서 2번째 사슬에 짧은뜨기 1번 ➡ 다음 사슬들에 각각 짧은뜨기 1번씩 ➡ 처음 짧은뜨기 코에 빼뜨기} ❹ ➡ *을 2번 더 반복 ➡ 실을 끊고 마무리 ❺

스트랩을 모두 뒤(바닥 겉쪽)로 넘겨서 (이중바닥의) 안쪽 바닥 빼뜨기 코 머리 사슬 두 가닥에 돗바늘을 이용해 연결합니다. 이때 뒤꿈치 쪽에 가까운 스트랩을 뒤꿈치로부터 빼뜨기 1[2]코를 건너뛴 곳에 연결하고 나머지 스트랩들은 사이사이 1코(

빼뜨기 코)씩 건너뛰면서 꿰매 붙입니다. ❻,❼

왼짝 뒤꿈치 뜨기

1~6단은 오른짝과 뜨는 방법이 같습니다.

7단(발목 스트랩): 사슬뜨기 1번 ➡ 다음 5[6]코에 각각 짧은뜨기 1번씩 ➡ 짧은뜨기 2코 모아뜨기 3번 ➡ 다음 코에 짧은뜨기 1번 ➡ 짧은뜨기 2코 모아뜨기 3번 ➡ (뒤꿈치의) 다음 5[6]코에 각각 짧은뜨기 1번씩 ➡ 사슬뜨기 14번 ➡ 사슬코에서 7번째 사슬에 짧은드기 1번 ➡ 다음 사슬들에 각각 짧은뜨기 1번씩 ➡ 이전 단의 처음 코에 빼뜨기 ➡ 실을 끊고 마무리

왼짝 발등 스트랩 3줄 뜨기

발목 스트랩이 달린 쪽 뒤꿈치 시작 부분에서 빼

뜨기 4[5]코를 건너뛰고 다음 빼뜨기 코 머리 사슬에 새 실을 잇고 다음과 같이 뜹니다.

1단: 사슬뜨기 1번 후 같은 코에 짧은뜨기 1번 ➡ 다음 2코에 각각 짧은뜨기 1번씩 ➡ 편물 돌리기 ➡ *{사슬뜨기 13번 ➡ 사슬코에서 2번째 사슬에 짧은뜨기 1번 ➡ 다음 사슬들에 각각 짧은뜨기 1번씩 ➡ 다음 짧은뜨기 코에 빼뜨기} ➡ *을 2번 더 반복 ➡ 실을 끊고 마무리

오른짝과 같은 방법으로 스트랩을 붙입니다.

• • •

93쪽 사진을 참고해 발목 바깥쪽으로 단추를 달아줍니다.

레 벨	1단계
사 이 즈	0–6개월: 발바닥 길이 9cm
	6–12개월: 발바닥 길이 10cm
	(수치가 서로 다를 경우 6–12개월은 [ ]로 표시)
실 색 상	바탕실: 은회색 배색실: 흰색
바 늘	3.25mm 또는 5호
준 비 물	돗바늘, 단추 4개
게 이 지	5×5cm에 짧은뜨기 10코 10단

뜨개법

바닥패턴1(140쪽 참조)
1단: 사슬뜨기 11[13]번 ➡ 사슬코에서 3번째 사슬에 긴뜨기 1번 ➡ 다음 7[9]개 사슬에 각각 긴뜨기 1번씩 ➡ 마지막 사슬에 긴뜨기 6번 ➡ (반대쪽) ➡ 다음 7[9]개 사슬에 각각 긴뜨기 1번씩 ➡ 마지막 사슬에 긴뜨기 5번 ➡ 처음 긴뜨기 코에 빼뜨기하여 연결

2단: 사슬뜨기 1번 ➡ 다음 8[10]코에 각각 긴뜨기 1번씩 ➡ 다음 5코에 각각 긴뜨기 2번씩 ➡ 다음 8[10]코에 각각 긴뜨기 1번씩 ➡ 다음 5코에 각각 긴뜨기 2번씩 ➡ 처음 긴뜨기 코에 빼뜨기하여 연결

3단: 사슬뜨기 1번 ➡ 다음 8[10]코에 각각 긴뜨기 1번씩 ➡ *{다음 코에 긴뜨기 2번 ➡ 다음 코에 긴뜨기 1번} ➡ *을 4번 더 반복 ➡ 다음 8[10]코에 각각 긴뜨기 1번씩 ➡ *을 5번 더 반복 ➡ 처음 긴뜨기 코에 빼뜨기하여 연결

이중바닥(140쪽 참조)
바닥을 2장 뜨기 ➡ 한 장은 실을 끊고, 다른 한 장은 실을 남겨두기 ➡ 바닥 2장을 안과 안이 마주하게 놓고, 바깥쪽에서 실을 끌어낸 다음 빼뜨기로 둘러가며 바닥 2장을 연결

짧은뜨기 2코 모아뜨기(136쪽 참조)
*{코에 바늘 넣기 ➡ 실을 감아 빼기} ➡ 다음 코에 *을 반복 ➡ 실을 감아 바늘 위의 고리 3개를 모두 빼내기

실 새로 잇기(139쪽 참조)
사슬코를 만들 때처럼 새 실로 고리를 만들고 새롭게 떠나갈 코에 바늘을 넣은 다음 만들어둔 실 고리를 걸어 빼기

Grecian sandals
그리스 샌들

고대 그리스인들이 신던 신처럼 중앙의
T자 모양의 뼈대가 양쪽으로
크로스된 끈을 잡아주는 샌들입니다.
발가락 부분이 뚫려 정말 시원한 샌들이지요.

＊왼짝과 오른짝의 뜨는 법이 조금 다르니 주의하세요.

바닥 뜨기
바닥패턴1의 이중바닥
(배색실로 뜬 다음 실을 끊어 매듭짓습니다.)

뒤꿈치와 발목 스트랩 뜨기

바닥의 옆쪽 9[11]코의 중앙(100쪽 바닥 사진 참조)에 바탕실(은회색)을 잇고 이중바닥을 만들면서 생긴 빼뜨기 머리 사슬 두 가닥을 주워서 다음과 같이 뜹니다.

1단: 사슬뜨기 1번 후 같은 코에 짧은뜨기 1번 ➡ 다음 24[26]코에 각각 짧은뜨기 1번씩 ➡ 편물 돌리기

2단: 짧은뜨기 2코 모아뜨기 ➡ 다음 21[23]코에 각각 짧은뜨기 1번씩 ➡ 짧은뜨기 2코 모아뜨기 ➡ 편물 돌리기

3단: 짧은뜨기 2코 모아뜨기 ➡ 다음 19[21]코에 각각 짧은뜨기 1번씩 ➡ 짧은뜨기 2코 모아뜨기 ➡ 편물 돌리기

4단: 짧은뜨기 2코 모아뜨기 ➡ 다음 17[19]코에 각각 짧은뜨기 1번씩 ➡ 짧은뜨기 2코 모아뜨기 ➡ 편물 돌리기

5단(오른짝/첫 번째 발목 스트랩): 사슬뜨기 14번 ➡ 사슬코에서 6번째 사슬에 짧은뜨기 1번 ➡ 다음 8개 사슬에 각각 짧은뜨기 1번씩 ➡ 다음 (뒤꿈치의) 19[21]코에 각각 짧은뜨기 1번씩 ➡ 편물 돌리기

5단(왼짝/첫 번째 발목 스트랩): 4단까지 완성한 후 실을 끊기 ➡ 뒤꿈치의 반대쪽 끝에 새로 실을 잇고 사슬뜨기 14번 ➡ 사슬코에서 6번째 사슬에 짧은뜨기 1번 ➡ 다음 8개 사슬에 각각 짧은뜨기 1번씩 ➡ 처음 사슬을 떴던 코에 짧은뜨기 1번 ➡ 다음 (뒤꿈치의) 18[20]코에 각각 짧은뜨기 1번씩 ➡ 편

물 돌리기

6단: 사슬뜨기 1번 ➡ (뒤꿈치를 거쳐 첫 번째 스트랩 쪽으로 돌아가며) 다음 19[21]코에 각각 짧은뜨기 1번씩 ➡ 편물 돌리기

7단(두 번째 발목 스트랩): 사슬뜨기 13번 ➡ 사슬코에서 6번째 사슬에 짧은뜨기 1번 ➡ 다음 7개 사슬에 각각 짧은뜨기 1번씩 ➡ 다음 5[6]코에 각각 짧은뜨기 1번씩 ➡ 짧은뜨기 2코 모아뜨기 2번 ➡ 다음 코에 짧은뜨기 1번 ➡ 짧은뜨기 2코 모아뜨기 2번 ➡ 다음 5[6]코에 각각 짧은뜨기 1번씩 ➡ 실을 끊고 마무리 ❶

발등 스트랩 뜨기

뒤꿈치 끝에서 발가락 쪽으로 1코 건너뛰고 그 다음 코에 바탕실(은회색)을 새로 잇고 이중바닥을

tip

T자 뼈대를 뜰 때 실을 길게 남긴 다음 실을 끊는 것이 중요합니다. 그래야 나중에 고정시킬 때 별도로 실을 잇지 않고 자연스럽게 남겨놓은 실을 이용해 꿰맬 수 있기 때문입니다.

만들면서 생긴 빼뜨기 머리 사슬 두 가닥을 주워서 다음과 같이 뜹니다.

스트랩1: 사슬뜨기 12번 ➡ (바닥의 건너편) 뒤꿈치로부터 6코 건너뛰고 그 다음 코에 빼뜨기하여 연결 ❷ ➡ 편물 돌리기 ➡ 빼뜨기 코 건너뛰기 ➡ 나머지 사슬들에 짧은뜨기 1번씩 ➡ 처음 사슬을 떴던 코에 빼뜨기 ➡ 실을 끊고 마무리 ❸

스트랩1에서 4코 건너뛰고 다음 코에 다음과 같이 스트랩2를 뜹니다.

스트랩2: 사슬뜨기 12번 ➡ (바닥의 건너편) 뒤꿈치로부터 1코 건너뛰고 그 다음 코에 빼뜨기하여 연결 ❹ ➡ 편물 돌리기 ➡ 빼뜨기 코 건너뛰기 ➡ 나머지 사슬들에 짧은뜨기 1번씩 ➡ 처음 사슬을 떴던 코에 빼뜨기 ❺ ➡ 실을 끊고 마무리

T자 뼈대 뜨기

기초 사슬: 실 끝을 길게 남기고 사슬뜨기 20번

1단: 사슬코에서 2번째 사슬에 짧은뜨기 1번 ➡ 나머지 사슬들에 각각 짧은뜨기 1번씩 ➡ (반대쪽) ➡ 각 코에 빼뜨기 1번씩 ➡ 실을 길게 남기고 자르기

돗바늘에 먼저 남겨두었던 실을 꿰고 T자 뼈대 끝을 발등 스트랩을 감싸듯이 말아서 꿰매 고정시킵니다. 그리고 다른 쪽 끝에 남겨두었던 실을 이용해 끝을 그림❻과 같이 말아서 루프를 만든 다음 고정시킵니다. 그 루프 사이로 발목 스트랩을 통과시킵니다.

⋯

발목 양쪽 바깥에 단추를 달고 발목 스트랩 끝의 고리를 단추에 걸어 잠급니다.

레 벨	1단계
사이즈	0–6개월: 발바닥 길이 9cm
	6–12개월: 발바닥 길이 10cm
	(수치가 서로 다를 경우 6–12개월은 [ ]로 표시)
실 색상	자주색(가는 실 추천)
바 늘	3.25mm 또는 5호
준비물	돗바늘, 단추 2개
게이지	5×5cm에 짧은뜨기 11코 11단

뜨개법

바닥패턴1(140쪽 참조)

1단: 사슬뜨기 11[13]번 ➜ 사슬코에서 3번째 사슬에 긴뜨기 1번 ➜ 다음 7[9]개 사슬에 각각 긴뜨기 1번씩 ➜ 마지막 사슬에 긴뜨기 6번 ➜ (반대쪽) ➜ 다음 7[9]개 사슬에 각각 긴뜨기 1번씩 ➜ 마지막 사슬에 긴뜨기 5번 ➜ 처음 긴뜨기 코에 빼뜨기하여 연결

2단: 사슬뜨기 1번 ➜ 다음 8[10]코에 각각 긴뜨기 1번씩 ➜ 다음 5코에 각각 긴뜨기 2번씩 ➜ 다음 8[10]코에 각각 긴뜨기 1번씩 ➜ 다음 5코에 각각 긴뜨기 2번씩 ➜ 처음 긴뜨기 코에 빼뜨기하여 연결

3단: 사슬뜨기 1번 ➜ 다음 8[10]코에 각각 긴뜨기 1번씩 ➜ *{다음 코에 긴뜨기 2번 ➜ 다음 코에 긴뜨기 1번} ➜ *을 4번 더 반복 ➜ 다음 8[10]코에 각각 긴뜨기 1번씩 ➜ *을 5번 더 반복 ➜ 처음 긴뜨기 코에 빼뜨기하여 연결

이중바닥(140쪽 참조)

바닥을 2장 뜨기 ➜ 한 장은 실을 끊고, 다른 한 장은 실을 남겨두기 ➜ 바닥 2장을 안과 안이 마주하게 놓고, 바깥쪽에서 실을 끌어낸 다음 빼뜨기로 둘러가며 바닥 2장을 연결

짧은뜨기 2코 모아뜨기(136쪽 참조)

*{코에 바늘 넣기 ➜ 실을 감아 빼기} ➜ 다음 코에 *을 반복 ➜ 실을 감아 바늘 위의 고리 3개를 모두 빼내기

V 스티치(138쪽 참조)

한 코에 {한길긴뜨기 1번, 사슬뜨기 1번, 한길긴뜨기 1번}을 뜨기

bow-front sandals
보우프론트 샌들

나비 모양의 끈이 발등을 덮고 있는 보우프론트 샌들입니다. 끈이 해질 정도로 자주 신고 다니는 필수 아이템이죠. 이 샌들은 강한 컬러를 선택해 떠보세요.

＊왼짝과 오른짝의 뜨는 법이 조금 다르니 주의하세요.

바닥 뜨기

바닥패턴1의 이중바닥

(뜨기가 끝나면 실을 끊어 매듭짓습니다.)

뒤꿈치 뜨기

바닥의 옆쪽 9[11]코 중 7[8]번째 코(아래 사진 참조)에 실을 잇고 이중바닥을 만들면서 생긴 빼뜨기 머리 사슬 두 가닥을 주워서 다음과 같이 뜹니다.

1단: 사슬뜨기 1번 후 같은 코에 짧은뜨기 1번 ➡ 다음 20[22]코에 각각 짧은뜨기 1번씩 ➡ 편물 돌리기

2단: 사슬뜨기 1번 ➡ 다음 21[23]코에 각각 짧은뜨기 1번씩 ➡ 편물 돌리기

3–6단: 2단을 4번 더 반복

7단(오른짝/발목 스트랩): 사슬뜨기 13번 ➡ 사슬코에서 2번째 사슬에 짧은뜨기 1번 ➡ 이후 모든 사슬에 각각 짧은뜨기 1번씩 ➡ (뒤꿈치의) 이전 단 짧은뜨기 코에 각각 짧은뜨기 1번씩(총 33[35]개의 짧은뜨기) ➡ 편물 돌리기

7단(왼짝/발목 스트랩): 실을 끊은 후 반대쪽 뒤꿈치 끝에 새 실을 이은 다음 사슬뜨기 13번 ➡ 사슬코에서 2번째 사슬에 짧은뜨기 1번 ➡ 이후 모든 사슬에 각각 짧은뜨기 1번씩 ➡ 처음 사슬을 떴던 코에 짧은뜨기 1번 ➡ (뒤꿈치의) 이전 단 짧은뜨기 코에 각각 짧은뜨기 1번씩(총 33[35]개의 짧은뜨기) ➡ 편물 돌리기

8단: 사슬뜨기 1번 ➡ 다음 30[32]코에 각각 짧은뜨기 1번씩 ➡ 사슬뜨기 2번 ➡ 다음 2코 건너뛰기 ➡ 마지막 짧은뜨기 코에 짧은뜨기 1번 ➡ 편물 돌리기

9단: 사슬뜨기 1번 ➡ 다음 코에 짧은뜨기 1번 ➡ (이전 단의 사슬뜨기 2개로 인해 생긴) 사슬 공간에 짧은뜨기 2번 ➡ 다음 10개의 짧은뜨기 코에 각각 짧은뜨기 1번씩 ➡ 짧은뜨기 2코 모아뜨기 10[11]번 ➡ 실을 끊고 마무리 ❶, ❷

발등 뜨기

새 실을 뒤꿈치에서 빼뜨기 1[2]코 건너뛴 후 다음 빼뜨기 코에 잇고 다음과 같이 뜹니다. ❸

1단: 사슬뜨기 1번 후 같은 코에 짧은뜨기 1번 ➡ 다음 7코에 각각 짧은뜨기 2번씩 ➡ 편물 돌리기

2단: 사슬뜨기 3번 ➡ *{다음 짧은뜨기 2코 건너뛰기 ➡ 다음 코에 V 스티치} ➡ *을 3번 더 반복 ➡ 다음 2코 건너뛰기 ➡ 마지막 코에 한길긴뜨기 1번 ➡ 편물 돌리기

3단: 사슬뜨기 3번 ➡ *{다음 한길긴뜨기 2코 건너뛰기 ➡ 이전 단의 V 스티치 중 사슬뜨기로 생긴 아래 공간(이하 '사슬 공간)에 V 스티치 1번} ➡ *을 3번 더 반복 ➡ 다음 한길긴뜨기 코 건너뛰기 ➡ 이

전 단의 사슬뜨기 3개 중 3번째 사슬에 한길긴뜨기 1번 ➡ 편물 돌리기

4–7단: 3단을 4번 더 반복

8단: 사슬뜨기 1번 ➡ 첫 번째 한길긴뜨기 코 건너뛰기 ➡ V 스티치 중 떴던 모든 사슬뜨기 1개는 건너뛰면서 다음 8개의 한길긴뜨기 코에 각각 짧은뜨기 1번씩 ❹

다 뜬 발등을 바닥의 겉쪽으로 넘겨 반대편 바닥 끝에 닿게 한 다음(바닥의 겉과 발등의 겉이 마주보게 됨) 뒤꿈치 쪽에서 2[3]번째 빼뜨기 코부터 8개 코에 각각 짧은뜨기 1번씩 ❺ ➡ 발등의 겉쪽이 보이도록 뒤집기

T스트랩 뜨기

떠놓은 발목 스트랩의 끝에서 7번째 코에 새 실을 잇고 다음과 같이 뜹니다.

1단: 사슬뜨기 1번 후 같은 코에 짧은뜨기 1번 ➡ 다음 2코에 각각 짧은뜨기 1번씩 ➡ 편물 돌리기 ❻

2–12단: 사슬뜨기 1번 ➡ 다음 3코에 각각 짧은뜨기 1번씩 ➡ 편물 돌리기 ➡ 실을 길게 남기고 실 끊기

돗바늘에 길게 남긴 실을 꿰고 스트랩을 발등을 감싸듯이 감아 접은 다음 꿰매 고정시킵니다. ❼

• • •

90쪽 사진을 참고하여 발목 스트랩 끝이 닿을 곳에 단추를 달아줍니다.

레 벨	1단계
사이즈	0–6개월: 발바닥 길이 9cm
	6–12개월: 발바닥 길이 10cm
	(수치가 서로 다를 경우 6–12개월은 [ ]로 표시)
실 색상	초크 화이트(아란같은 굵은 실 추천)
바 늘	3.5mm 또는 6호
준비물	작은 단추 4개(돗바늘 혹은 단추를 달 바늘)
게이지	5×5cm에 짧은뜨기 9코 9단
뜨개법	**바닥패턴2**(140쪽 참조)

1단: 사슬뜨기 9[11]번 ➡ 사슬코에서 3번째 사슬에 긴뜨기 1번 ➡ 다음 5[7]코에 각각 긴뜨기 1번씩 ➡ 마지막 사슬에 긴뜨기 6번 ➡ (반대쪽) ➡ 다음 5[7]코에 각각 긴뜨기 1번씩 ➡ 마지막 사슬에 긴뜨기 5번 ➡ 처음 긴뜨기 코에 빼뜨기하여 연결

2단: 사슬뜨기 1번 ➡ 다음 6[8]코에 각각 긴뜨기 1번 ➡ 다음 5코에 각각 긴뜨기 2번씩 ➡ 다음 6[8]코에 각각 긴뜨기 1번씩 ➡ 다음 5코에 각각 긴뜨기 2번씩 ➡ 처음 긴뜨기 코에 빼뜨기하여 연결

3단: 사슬뜨기 1번 ➡ 다음 6[8]코에 각각 긴뜨기 1번씩 ➡ *{다음 코에 긴뜨기 2번 ➡ 다음 코에 긴뜨기 1번} ➡ *을 4번 더 반복 ➡ 다음 6[8]코에 각각 긴뜨기 1번씩 ➡ *을 5번 더 반복 ➡ 처음 긴뜨기 코에 빼뜨기하여 연결

이중바닥(140쪽 참조)

바닥을 2장 뜨기 ➡ 한 장은 실을 끊고, 다른 한 장은 실을 남겨두기 ➡ 바닥 2장을 안과 안이 마주하게 놓고, 바깥쪽에서 실을 끌어낸 다음 빼뜨기로 둘러가며 바닥 2장을 연결

woven leather sandals
우븐 레더 샌들

단화같이 편안한 샌들입니다. 갓 태어난 아이에게 완벽한 신발이죠. 작은 단추들로 고정된 발등의 작은 스트랩이 발을 잘 잡아줍니다.

＊왼짝과 오른짝 모두 뜨는 법이 같아요.

바닥 뜨기
바닥패턴2의 이중바닥
(뜨기가 끝나면 실을 끊지 않고 계속 이어서 몸통을 뜹니다.)

몸통 뜨기
이중바닥을 만들 때 뜬 빼뜨기가 끝난 곳에 이어서 계속 뜨되, 편물을 돌려 뜨던 방향과 반대방향으로 다음과 같이 뜹니다.

1단: 첫 번째 빼뜨기 코에 사슬뜨기 1번 ➡ 다음 41[45]코에 각각 짧은뜨기 1번씩 ➡ 처음 짧은뜨기 코에 빼뜨기하여 연결

2단: 사슬뜨기 1번 ➡ 다음 7[9]코에 각각 짧은뜨기 1번씩 ➡ *{다음 2코 건너뛰기 ➡ 다음 코에 한길긴뜨기 3번} ➡ *을 2번 더 반복 ➡ 다음 2코 건너뛰기 ➡ 다음 23[25]코에 각각 짧은뜨기 1번씩 ➡ 처음 짧은뜨기 코에 빼뜨기하여 연결 ❶

3단: 사슬뜨기 1번 ➡ 다음 5[7]코에 각각 짧은뜨기 1번씩 ➡ 다음 짧은뜨기 2코 건너뛰기 ➡ 다음 한길긴뜨기 코 건너뛰기 ➡ 다음 한길긴뜨기 코에 한길긴뜨기 3번 ➡ *{다음 한길긴뜨기 2코 건너뛰기 ➡ 다음 한길긴뜨기 코에 한길긴뜨기 3번} ➡ *을 한 번 더 반복 ➡ 다음 한길긴뜨기 코 건너뛰기

➡ 다음 짧은뜨기 2코 건너뛰기 ➡ 다음 21[23]코에 각각 짧은뜨기 1번씩 ➡ 처음 짧은뜨기 코에 빼뜨기하여 연결

4단: 사슬뜨기 1번 ➡ 다음 3[5]코에 각각 짧은뜨기 1번씩 ➡ 다음 짧은뜨기 2코 건너뛰기 ➡ 다음 한길긴뜨기 코 건너뛰기 ➡ 다음 한길긴뜨기 코에 한길긴뜨기 3번 ➡ *{다음 한길긴뜨기 2코 건너뛰기 ➡ 다음 한길긴뜨기 코에 한길긴뜨기 3번} ➡ * 을 한 번 더 반복 ➡ 다음 한길긴뜨기 코 건너뛰기 ➡ 다음 짧은뜨기 2코 건너뛰기 ➡ 다음 3[5]코에 각각 짧은뜨기 1번씩 ➡ 다음 16코에 각각 한길긴뜨기 1번씩 ➡ 처음 짧은뜨기 코에 빼뜨기하여 연결 ❷

실을 끊지 않고 계속해서 스트랩을 이어 뜹니다.

스트랩 뜨기

사슬뜨기 13[14]번 ➡ 사슬코에서 7번째 코에 짧은뜨기 1번 ➡ 나머지 사슬들에 각각 짧은뜨기 1번씩 ➡ (뒤꿈치 쪽으로 돌아가면서) 한길긴뜨기 16코에 각각 짧은뜨기 1번씩 ➡ (이후부터 반대쪽 스트랩) 사슬뜨기 13[14]번 ➡ 사슬코에서 7번째 코에 짧은뜨기 1번 ➡ 나머지 사슬들에 각각 짧은뜨기 1번씩 ➡ 이전 단의 마지막 한길긴뜨기 코에 빼뜨기하여 연결 ➡ 실을 끊고 마무리 ❸

• • •

104쪽 사진을 참고하여 첫 번째 한길긴뜨기와 마지막 한길긴뜨기 위치에 단추를 달아줍니다.

레 벨	2단계
사이즈	0–6개월: 발바닥 길이 9cm
	6–12개월: 발바닥 길이 10cm
	(수치가 서로 다를 경우 6–12개월은 [ ]로 표시)
실 색상	바탕살: 핑크, 배색살: 진한 회색
바 늘	3.25mm 또는 5호
준비물	돗바늘, 작은 단추 2개, 시침핀
게이지	5×5cm에 짧은뜨기 10코 10단

뜨개법 **바닥패턴1**(140쪽 참조)

1단: 사슬뜨기 11[13]번 ➡ 사슬코에서 3번째 사슬에 긴뜨기 1번 ➡ 다음 7[9]개 사슬에 각각 긴뜨기 1번씩 ➡ 마지막 사슬에 긴뜨기 6번 ➡ (반대쪽) ➡ 다음 7[9]개 사슬에 각각 긴뜨기 1번씩 ➡ 마지막 사슬에 긴뜨기 5번 ➡ 처음 긴뜨기 코에 빼뜨기하여 연결

2단: 사슬뜨기 1번 ➡ 다음 8[10]코에 각각 긴뜨기 1번씩 ➡ 다음 5코에 각각 긴뜨기 2번씩 ➡ 다음 8[10]코에 각각 긴뜨기 1번씩 ➡ 다음 5코에 각각 긴뜨기 2번씩 ➡ 처음 긴뜨기 코에 빼뜨기하여 연결

3단: 사슬뜨기 1번 ➡ 다음 8[10]코에 각각 긴뜨기 1번씩 ➡ *{다음 코에 긴뜨기 2번 ➡ 다음 코에 긴뜨기 1번} ➡ *을 4번 더 반복 ➡ 다음 8[10]코에 각각 긴뜨기 1번씩 ➡ *을 5번 더 반복 ➡ 처음 긴뜨기 코에 빼뜨기하여 연결

이중바닥(140쪽 참조)
바닥을 2장 뜨기 ➡ 한 장은 실을 끊고, 다른 한 장은 실을 남겨두기 ➡ 바닥 2장을 안과 안이 마주하게 놓고, 바깥쪽에서 실을 끌어낸 다음 빼뜨기로 둘러가며 바닥 2장을 연결

짧은뜨기 2코 모아뜨기(136쪽 참조)
*{코에 바늘 넣기 ➡ 실을 감아 빼기} ➡ 다음 코에 *을 반복 ➡ 실을 감아 바늘 위의 고리 3개를 모두 빼내기

실 새로 잇기(139쪽 참조)
사슬코를 만들 때처럼 새 실로 고리를 만들고 새롭게 떠나갈 코에 바늘을 넣은 다음 만들어 둔 실 고리를 걸어 빼기

ruffle-front sandals
러플 샌들

귀여움의 끝판왕! 발등에 러플이 달린 귀여운 샌들입니다. 센스 있게 화사한 원피스에 맞춰 신겨보세요.

*왼짝과 오른짝의 뜨는 법이 조금 다르니 주의하세요.

바닥 뜨기
바닥패턴1의 이중바닥
(바탕실로 뜬 다음 실을 끊어 매듭짓습니다.)

뒤꿈치 뜨기

바닥의 옆쪽 9[11]코 중 7[8]번째 코에 바탕실(핑크)을 잇습니다. (그림❶ 참조) 그리고 이중바닥을 만들면서 생긴 빼뜨기 머리 사슬 두 가닥을 주워서 다음과 같이 뜹니다.

1단: 사슬뜨기 1번 후 같은 코에 짧은뜨기 1번 ➡ 다음 20[22]코에 각각 짧은뜨기 1번씩 ➡ 편물 돌리기

2단: 사슬뜨기 1번 ➡ 다음 21[23]코에 각각 짧은뜨기 1번씩 ➡ 편물 돌리기

3-6단: 2단을 4번 더 반복하기

7단(오른짝/발목 스트랩): 사슬뜨기 14번 ➡ 사슬코에서 7번째 코에 짧은뜨기 1번씩 ➡ 나머지 사슬들에 각각 짧은뜨기 1번씩 ➡ 다음 6[7]코에 각각 짧은뜨기 1번씩 ➡ 짧은뜨기 2코 모아뜨기 4번 ➡ 다음 7[8]코에 각각 짧은뜨기 1번씩 ➡ 실을 끊고 마무리 ❷

7단(왼짝/발목 스트랩): 사슬뜨기 1번 ➡ 다음 7[8]코에 각각 짧은뜨기 1번씩 ➡ 짧은뜨기 2코 모아뜨기 4번 ➡ 다음 6[7]코에 각각 짧은뜨기 1번씩 ➡ 사슬뜨기 14번 ➡ 사슬코에서 7번째 코에 짧은뜨기 1번 ➡ 나머지 사슬들에 각각 짧은뜨기 1번씩 ➡ 이전 단의 처음 코에 빼뜨기하여 연결 ➡ 실을 끊고 마무리 ❸

발등 뜨기

바닥의 뒤꿈치 끝에서 빼뜨기 8[9]코를 건너뛰고 다음 코에 바탕실(핑크)을 이은 다음 사슬뜨기 8번 ➡ 다음 7코 건너뛰기 ➡ (바닥의) 2코에 각각 빼뜨기 1번씩 ➡ 편물 돌리기 ❹

1단: (바닥의) 빼뜨기 2코 건너뛰기 ➡ 앞에서 뜬 사슬 8개에 각각 짧은뜨기 1번씩 ➡ (바닥의) 빼뜨기 2코에 각각 빼뜨기 1번씩 ➡ 편물 돌리기

2단: (바닥의) 빼뜨기 2코 건너뛰기 ➡ (머리 사슬 뒤쪽 한 가닥 주워 뜨기) 다음 8코에 각각 짧은뜨기 1번씩 ➡ 빼뜨기 2코에 각각 빼뜨기 1번씩 ➡ 편물 돌리기

3단: (바닥의) 빼뜨기 2코 건너뛰기 ➡ (머리 사슬 두 가닥 주워 뜨기) 다음 코에 짧은뜨기 2번 ➡ 다음 6코

에 각각 짧은뜨기 1번씩 ➡ 마지막 짧은뜨기 코에 짧은뜨기 2번 ➡ 다음 2코에 각각 빼뜨기 1번씩 ➡ 편물 돌리기

4단: (바닥의) 빼뜨기 2코 건너뛰기 ➡ (머리 사슬 뒤쪽 한 가닥 주워 뜨기) 다음 10코에 각각 짧은뜨기 1번씩 ➡ 다음 2코에 각각 빼뜨기 1번씩 ➡ 편물 돌리기

5단: (바닥의) 빼뜨기 2코 건너뛰기 ➡ (머리 사슬 두 가닥 주워 뜨기) 다음 10코에 각각 짧은뜨기 1번씩 ➡ 다음 2코에 각각 빼뜨기 1번씩

6–7단: 4단과 5단을 한 번씩 반복하되 7단 마지막에 빼뜨기는 1번만 ➡ 실을 끊고 마무리 ❺

T자 뼈대 뜨기

떠 놓은 발등의 중앙 4코에 바탕실(핑크)을 잇고 다음과 같이 뜹니다.

1단: 사슬뜨기 1번 후 같은 코에 짧은뜨기 1번 ➡ 다음 3코에 각각 짧은뜨기 1번씩 ➡ 편물 돌리기

2단: 사슬뜨기 1번 ➡ 다음 4코에 각각 짧은뜨기 1번씩 ➡ 편물 돌리기

3–12단: 2단을 10번 더 반복

실을 길게 남기고 끊은 다음 돗바늘에 길게 남긴 실을 꿰고 발목 스트랩이 들어갈 정도의 공간이 생기도록 루프를 만들어 꿰맵니다. ❻

러플 뜨기

기초 사슬 13개를 뜬 후 되돌아오면서 짧은뜨기를 뜨고 편물을 돌려 다음 단을 뜹니다. 그리고 그 이후로는 편물을 돌리지 않고 자연스럽게 기초 사슬 반대쪽을 뜨게 됩니다.

기초 사슬: 사슬뜨기 13번

1단: 사슬코에서 2번째 사슬에 짧은뜨기 1번 ➡ 나머지 11개 사슬들에 각각 짧은뜨기 1번씩 ➡ 편물 돌리기

2단: 사슬뜨기 3번 ➡ 다음 11코에 각각 한길긴뜨기 3번씩 ➡ 사슬뜨기 3번 ➡ 마지막으로 한길긴뜨기 한 그 코에 빼뜨기 1번 ➡ (반대쪽) 처음 코에 빼뜨기 ➡ 사슬뜨기 3번 ➡ 다음 11코에 각각 한길긴뜨기 3번씩 ➡ 사슬뜨기 3번 ➡ 마지막으로 한길

tip

러플을 고정시킬 때 빼뜨기로 하기가 까다롭다면 돗바늘을 이용해 꿰매도 됩니다.

긴뜨기 한 그 코에 빼뜨기 1번 ➡ 실을 끊고 마무리 **❼**

러플을 발등 위 중간에 올리고(필요하다면 핀으로 고정) 러플 중심을 따라 빼뜨기로 발등에 부착한 후 실을 끊어 매듭짓습니다. **❽**

러플 테두리 뜨기

배색실(진한 회색)을 이용해 러플 테두리를 따라 짧은뜨기합니다. **❾**

• • •

발목 스트랩이 T자 뼈대를 통과하도록 하고, 신발 바깥쪽에 발목 스트랩을 고정할 단추를 달아줍니다.

레 벨	2단계
사이즈	0~6개월: 발바닥 길이 9cm
	6~12개월: 발바닥 길이 10cm
	(수치가 서로 다를 경우 6~12개월은 [ ]로 표시)
실 색상	바탕살: 카키 브라운, 배색살: 코르크색
바 늘	3.25mm 또는 5호
준비물	돗바늘, 단추 2개
게이지	5×5cm에 짧은뜨기 10코 10단

뜨개법 **바닥패턴1**(140쪽 참조)

1단: 사슬뜨기 11[13]번 ▶ 사슬코에서 3번째 사슬에 긴뜨기 1번 ▶ 다음 7[9]개 사슬에 각각 긴뜨기 1번씩 ▶ 마지막 사슬에 긴뜨기 6번 ▶ (반대쪽) ▶ 다음 7[9]개 사슬에 각각 긴뜨기 1번씩 ▶ 마지막 사슬에 긴뜨기 5번 ▶ 처음 긴뜨기 코에 빼뜨기하여 연결

2단: 사슬뜨기 1번 ▶ 다음 8[10]코에 각각 긴뜨기 1번씩 ▶ 다음 5코에 각각 긴뜨기 2번씩 ▶ 다음 8[10]코에 각각 긴뜨기 1번씩 ▶ 다음 5코에 각각 긴뜨기 2번씩 ▶ 처음 긴뜨기 코에 빼뜨기하여 연결

3단: 사슬뜨기 1번 ▶ 다음 8[10]코에 각각 긴뜨기 1번씩 ▶ *(다음 코에 긴뜨기 2번 ▶ 다음 코에 긴뜨기 1번) ▶ *을 4번 더 반복 ▶ 다음 8[10]코에 각각 긴뜨기 1번씩 ▶ *을 5번 더 반복 ▶ 처음 긴뜨기 코에 빼뜨기하여 연결

이중바닥(140쪽 참조)

바닥을 2장 뜨기 ▶ 한 장은 실을 끊고, 다른 한 장은 실을 남겨두기 ▶ 바닥 2장을 안과 안이 마주하게 놓고, 바깥쪽에서 실을 끌어낸 다음 빼뜨기로 둘러가며 바닥 2장을 연결

짧은뜨기 2코 모아뜨기(136쪽 참조)

*(코에 바늘 넣기 ▶ 실을 감아 빼기) ▶ 다음 코에 *을 반복 ▶ 실을 감아 바늘 위의 고리 3개를 모두 빼내기

실 새로 잇기(139쪽 참조)

사슬코를 만들 때처럼 새 실로 고리를 만들고 새롭게 떠나갈 코에 바늘을 넣은 다음 만들어 둔 실 고리를 걸어 빼기

comfort sandals
컴포트 샌들

컴포트 샌들은 모든 아이들에게 적합한 샌들입니다. 비슷한 계열이면서 조금 다른 배색실로 약간의 변화를 준 이 샌들은 발목도 확실히 잡아주면서 발등이 시원한 실용적인 샌들입니다.

＊왼짝과 오른짝의 뜨는 법이 조금 다르니 주의하세요.

바닥 뜨기

바닥패턴1의 이중바닥

(배색실로 뜬 다음 실을 끊어 매듭짓습니다.)

뒤꿈치 뜨기

바닥의 옆쪽 9[11]코의 중앙(100쪽 바닥 사진 참조)에 실을 잇고 이중바닥을 만들면서 생긴 빼뜨기 머리 사슬 두 가닥을 주워서 다음과 같이 뜹니다.

1단: 사슬뜨기 1번 후 같은 코에 짧은뜨기 1번 ➡ 다음 24[26]코에 각각 짧은뜨기 1번씩 ➡ 편물 돌리기

2단: 짧은뜨기 2코 모아뜨기 ➡ 다음 21[23]코에 각각 짧은뜨기 1번씩 ➡ 짧은뜨기 2코 모아뜨기 ➡ 편물 돌리기

3단: 짧은뜨기 2코 모아뜨기 ➡ 다음 19[21]코에 각각 짧은뜨기 1번씩 ➡ 짧은뜨기 2코 모아뜨기 ➡ 편물 돌리기

4단: 짧은뜨기 2코 모아뜨기 ➡ 다음 17[19]코에 각각 짧은뜨기 1번씩 ➡ 짧은뜨기 2코 모아뜨기 ➡ 편물 돌리기

5단: 사슬뜨기 2번 ➡ 처음 코 건너뛰기 ➡ 다음 18[20]코에 각각 한길긴뜨기 1번씩 ➡ 편물 돌리기

6단: 짧은뜨기 2코 모아뜨기 ➡ 다음 16[18]코에 각각 짧은뜨기 1번씩 ➡ 편물 돌리기

실을 끊지 않고 발목 스트랩을 이어서 뜹니다.

7단(오른짝/발목 스트랩): 사슬뜨기 17[19]번 ➡ 사슬코에서 9번째 사슬에 짧은뜨기 1번 ➡ 이후 모든 사슬들에 짧은뜨기 1번씩 ➡ 다음 17[19]코에 각각 짧은뜨기 1번씩 ➡ 실을 끊고 마무리 ❶

7단(왼짝/발목 스트랩): 사슬뜨기 1번 ➡ 다음 17[19]코에 각각 짧은뜨기 1번씩 ➡ 사슬뜨기 17[19]번 ➡ 사슬코에서 9번째 사슬에 짧은뜨기 1번 ➡ 이후 모든 사슬들에 짧은뜨기 1번씩 ➡ 이전 단의 처음 짧은뜨기 코에 빼뜨기 ➡ 실을 끊고 마무리

발등 스트랩 뜨기

뒤꿈치 끝에서 2[3]코를 건너뛰고 그 다음 코에 바탕실(카키 브라운)을 잇고 이중바닥을 만들면서 생긴 빼뜨기 머리 사슬 두 가닥을 주워서 다음과 같이 뜹니다.

1단: 사슬뜨기 1번 후 같은 코에 짧은뜨기 1번 ➡ 다음 2코에 각각 짧은뜨기 1번씩 ➡ 편물 돌리기 ❷

2단: 사슬뜨기 1번 ➡ 다음 3코에 각각 짧은뜨기 1번씩 ➡ 편물 돌리기

3-12단: 2단을 10번 더 반복

떠 놓은 발등 스트랩을 바닥 겉쪽으로 넘겨 반대편 바닥 끝에 닿게 한 다음(바닥의 겉과 발등의 겉이 마주보게 됨) 뒤꿈치 끝에서 2[3]코를 건너뛴 후 다음 3코에 각각 짧은뜨기로 연결하되, 이중바닥의

코를 한꺼번에 주워 뜹니다. ❸ 실을 끊지 말고 스트랩을 뒤집어 발등의 겉이 보이도록 한 후 스트랩의 테두리(발목에 가까운 쪽, 단의 끝 수직 방향)를 따라 모든 코에 짧은뜨기를 합니다. 실을 끊고 스트랩의 반대쪽 끝에도 실을 이어 테두리를 따라 짧은뜨기 합니다.

배색실(코르크색)을 첫 번째 짧은뜨기를 떴던 그 코에 잇고, 이후 짧은뜨기를 했던 코들에 바늘을 넣어 빼뜨기를 1번씩 하고 ❹ 실을 끊습니다. 같은 방법으로 반대쪽 첫 번째 짧은뜨기를 떴던 코에 실을 새로 잇고, 이후 짧은뜨기를 했던 코들에 바늘을 넣어 빼뜨기를 1번씩 하고 실을 끊습니다. ❺

T자 뼈대 뜨기
바탕실(카키 브라운)을 발목 스트랩의 4[5]번째 코

에 잇고 다음과 같이 뜹니다.

1단: 사슬뜨기 1번 후 같은 코에 짧은뜨기 1번 ➡ 다음 짧은뜨기 2코에 각각 짧은뜨기 1번씩 ➡ 편물 돌리기

2단: 사슬뜨기 1번 ➡ 다음 짧은뜨기 3코에 각각 짧은뜨기 1번씩 ➡ 편물 돌리기

3–7단: 2단을 5번 반복 ❻

실을 길게 남기고 끊은 다음 돗바늘에 남겨 놓은 실을 꿰고 T자 뼈대가 발등 스트랩 중앙에 오도록 겹친 후 꿰매어 고정시킵니다. ❼

• • •

112쪽을 참고해 발목 스트랩을 고정할 수 있도록 단추를 달아줍니다.

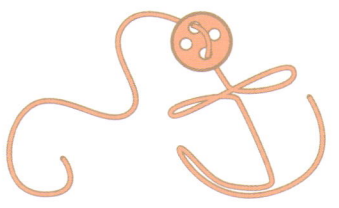

레 벨	2단계
사 이 즈	0~6개월: 발바닥 길이 9cm
	6~12개월: 발바닥 길이 10cm
	(수치가 서로 다를 경우 6~12개월은 [ ]로 표시)
실 색상	바탕실: 연한 갈색, 배색실: 빨강
바 늘	3.25mm 또는 5호
준비물	돗바늘, 단추 4개
게이지	5×5cm에 짧은뜨기 11코 11단

뜨개법

바닥패턴1(140쪽 참조)

1단: 사슬뜨기 11[13]번 ➡ 사슬코에서 3번째 사슬에 긴뜨기 1번 ➡ 다음 7[9]개 사슬에 각각 긴뜨기 1번씩 ➡ 마지막 사슬에 긴뜨기 6번 ➡ (반대쪽) ➡ 다음 7[9]개 사슬에 각각 긴뜨기 1번씩 ➡ 마지막 사슬에 긴뜨기 5번 ➡ 처음 긴뜨기 코에 빼뜨기하여 연결

2단: 사슬뜨기 1번 ➡ 다음 8[10]코에 각각 긴뜨기 1번씩 ➡ 다음 5코에 각각 긴뜨기 2번씩 ➡ 다음 8[10]코에 각각 긴뜨기 1번씩 ➡ 다음 5코에 각각 긴뜨기 2번씩 ➡ 처음 긴뜨기 코에 빼뜨기하여 연결

3단: 사슬뜨기 1번 ➡ 다음 8[10]코에 각각 긴뜨기 1번씩 ➡ *{다음 코에 긴뜨기 2번 ➡ 다음 코에 긴뜨기 1번} ➡ *을 4번 더 반복 ➡ 다음 8[10]코에 각각 긴뜨기 1번씩 ➡ *을 5번 더 반복 ➡ 처음 긴뜨기 코에 빼뜨기하여 연결

이중바닥(140쪽 참조)

바닥을 2장 뜨기 ➡ 한 장은 실을 끊고, 다른 한 장은 실을 남겨두기 ➡ 바닥 2장을 안과 안이 마주하게 놓고, 바깥쪽에서 실을 끌어낸 다음 빼뜨기로 둘러가며 바닥 2장을 연결

짧은뜨기 2코 모아뜨기(136쪽 참조)

*{코에 바늘 넣기 ➡ 실을 감아 빼기} ➡ 다음 코에 *을 반복 ➡ 실을 감아 바늘 위의 고리 3개를 모두 빼내기

실 새로 잇기(139쪽 참조)

사슬코를 만들 때처럼 새 실로 고리를 만들고 새롭게 떠나갈 코에 바늘을 넣은 다음 만들어둔 실 고리를 걸어 빼기

espadrilles
에스파드리유

에스파드리유는 밀짚 같은 소재로, 슈즈의 굽이나 테두리에 에스파드리유를 사용하면 편안한 느낌을 줍니다. 여기서는 굽은 에스파드리유로, 발등은 캔버스 천으로 만든 샌들을 연출해 보았어요.

＊왼짝과 오른짝 모두 뜨는 법이 같아요.

바닥 뜨기

바닥패턴1의 이중바닥
(바탕실로 뜬 다음 실을 끊어 매듭짓습니다.)

뒤꿈치 뜨기

바닥의 옆쪽 9[11]코의 중앙(100쪽 바닥 사진 참조)에 바탕실(연한 갈색)을 잇고 이중바닥을 만들면서 생긴 빼뜨기 머리 사슬 두 가닥을 주워서 다음과 같이 뜹니다.

1단: 사슬뜨기 1번 후 같은 코에 짧은뜨기 1번 ➡ 다음 24[26]코에 각각 짧은뜨기 1번씩

2단: 짧은뜨기 2코 모아뜨기 ➡ 다음 21[23]코에 각각 짧은뜨기 1번씩 ➡ 짧은뜨기 2코 모아뜨기 ➡ 편물 돌리기

3단: 짧은뜨기 2코 모아뜨기 ➡ 다음 19[21]코에 각각 짧은뜨기 1번씩 ➡ 짧은뜨기 2코 모아뜨기 ➡ 편물 돌리기

4단: 짧은뜨기 2코 모아뜨기 ➡ 다음 17[19]코에 각각 짧은뜨기 1번씩 ➡ 짧은뜨기 2코 모아뜨기 ➡ 편물 돌리기

5단: 짧은뜨기 2코 모아뜨기 ➡ 다음 15[17]코에 각각 짧은뜨기 1번씩 ➡ 짧은뜨기 2코 모아뜨기 ➡ 편물 돌리기

6단: 짧은뜨기 2코 모아뜨기 ➡ 다음 13[15]코에 각각 짧은뜨기 1번씩 ➡ 짧은뜨기 2코 모아뜨기 ➡ 편물 돌리기

7단: 짧은뜨기 2코 모아뜨기 ➡ 다음 11[13]코에 각각 짧은뜨기 1번씩 ➡ 짧은뜨기 2코 모아뜨기 ➡ 편물 돌리기

8단: 짧은뜨기 2코 모아뜨기 ➡ 다음 9[11]코에 각 각 짧은뜨기 1번씩 ➡ 짧은뜨기 2코 모아뜨기(총 11[13]코) ➡ 실을 끊고 마무리

뒤꿈치 단의 끝 뜨기

바닥과 닿아 있는 뒤꿈치 끝코에 바탕실(연한 갈색)을 잇고 뒤꿈치 단의 끝(수직 방향)을 따라 각각 짧은뜨기 1번씩(총 8코) ➡ 실 끊기 ➡ 같은 방법으로 반대쪽 단의 끝을 따라 각각 짧은뜨기 1번씩 ❶

발등 뜨기

바닥의 발가락 쪽 중앙 7코에 표시하고 배색실(빨강)을 표시한 7코의 가장 오른쪽 코에 새로 잇습니다. 그리고 이중바닥을 만들면서 생긴 빼뜨기 머리 사슬 두 가닥을 주워서 다음과 같이 뜹니다.

1단: 사슬뜨기 1번 후 같은 코에 짧은뜨기 1번 ➡ *{사슬뜨기 1번 ➡ 다음 코에 짧은뜨기 1번} ➡ *을 5번 더 반복 ➡ 다음 (바닥의) 2코에 각각 빼뜨기 1번씩 ➡ 편물 돌리기 ❷

2단: 빼뜨기 2코 건너뛰기 ➡ 다음 짧은뜨기 코에 짧은뜨기 1번 ➡ 이전 단에서 사슬뜨기 한 곳 아래 생긴 공간(이하 '사슬 공간'에 넣어서 짧은뜨기 1번 ➡ *{사슬뜨기 1번 ➡ 다음 짧은뜨기 코 건너뛰기 ➡ 사슬 공간에 넣어서 짧은뜨기 1번} ➡ *을 4번 더 반복 ➡ 마지막 짧은뜨기 코에 짧은뜨기 1번 ➡ 다음 (바닥의) 2코에 각각 빼뜨기 1번씩 ➡ 편물 돌리기

3단: 빼뜨기 2코 건너뛰기 ➡ 다음 짧은뜨기 코에

짧은뜨기 1번 ➡ *{사슬뜨기 1번 ➡ 다음 코 건너뛰기 ➡ 사슬 공간에 넣어서 짧은뜨기 1번} ➡ *을 5번 더 반복 ➡ 다음 (바닥의) 빼뜨기 2코에 각각 빼뜨기 1번씩 ➡ 편물 돌리기

4단: 2단을 반복

5단: 빼뜨기 2코 건너뛰기 ➡ 다음 짧은뜨기 코에 짧은뜨기 1번 ➡ *{사슬뜨기 1번 ➡ 다음 코 건너뛰기 ➡ 사슬 공간에 넣어서 짧은뜨기 1번} ➡ *을 5번 더 반복 ➡ 다음 (바닥의) 빼뜨기 코에 빼뜨기 1번 ➡ 편물 돌리기

6단: 빼뜨기 코 건너뛰기 ➡ 다음 짧은뜨기 코에 짧은뜨기 1번 ➡ 사슬 공간에 넣어서 짧은뜨기 1번 ➡ *{사슬뜨기 1번 ➡ 다음 코 건너뛰기 ➡ 사슬 공간에 넣어서 짧은뜨기 1번} ➡ *을 4번 더 반복

➡ 마지막 짧은뜨기 코에 짧은뜨기 1번 ➡ 다음 (바닥의) 빼뜨기 코에 빼뜨기 1번 ➡ 편물 돌리기

7단: 빼뜨기 코 건너뛰기 ➡ 다음 짧은뜨기 코에 짧은뜨기 1번 ➡ *{사슬뜨기 1번 ➡ 다음 코 건너뛰기 ➡ 사슬 공간에 넣어서 짧은뜨기 1번} ➡ *을 5번 더 반복 ➡ 다음 (바닥의) 빼뜨기 코에 빼뜨기 1번 ➡ 편물 돌리기

8-9단: 6단과 7단을 반복

10단: 6단을 한 번 더 반복

11단: 빼뜨기 코 건너뛰기 ➡ 이후 모든 코에 각각 빼뜨기 1번씩 ➡ 실을 끊고 마무리 ❸

스트랩 뜨기

기초 사슬: 사슬뜨기 13번

1단: 사슬코에서 2번째 사슬에 짧은뜨기 1번 ➡ 이후 모든 사슬들에 짧은뜨기 1번 ➡ (반대쪽) ➡ 다음 모든 코에 각각 짧은뜨기 1번씩 ❹

2단: 사슬뜨기 5번 ➡ 다음 12코에 각각 빼뜨기 ➡ 사슬뜨기 5번 ➡ 다음 코 건너뛰기 ➡ (반대쪽) ➡ 다음 모든 코에 각각 짧은뜨기 1번씩 ➡ 실을 끊고 마무리 ❺

· · ·

117쪽 사진을 참고해 스트랩을 잠글 위치에 단추를 달아줍니다.

레 벨	2단계
사이즈	0–6개월: 발바닥 길이 9cm
	6–12개월: 발바닥 길이 10cm
	(수치가 서로 다를 경우 6–12개월은 [ ]로 표시)
실 색상	바탕실: 연한 갈색
	배색실: 핑크/연두
바 늘	3.25mm 또는 5호
준비물	돗바늘
게이지	5×5cm에 짧은뜨기 10코 10단

뜨개법 **바닥패턴1**(140쪽 참조)
1단: 사슬뜨기 11[13]번 ➡ 사슬코에서 3번째 사슬에 긴뜨기 1번 ➡ 다음 7[9]개 사슬에 각각 긴뜨기 1번씩 ➡ 마지막 사슬에 긴뜨기 6번 ➡ (반대쪽) ➡ 다음 7[9]개 사슬에 각각 긴뜨기 1번씩 ➡ 마지막 사슬에 긴뜨기 5번 ➡ 처음 긴뜨기 코에 빼뜨기하여 연결
2단: 사슬뜨기 1번 ➡ 다음 8[10]코에 각각 긴뜨기 1번씩 ➡ 다음 5코에 각각 긴뜨기 2번씩 ➡ 다음 8[10]코에 각각 긴뜨기 1번씩 ➡ 다음 5코에 각각 긴뜨기 2번씩 ➡ 처음 긴뜨기 코에 빼뜨기하여 연결
3단: 사슬뜨기 1번 ➡ 다음 8[10]코에 각각 긴뜨기 1번씩 ➡ *(다음 코에 긴뜨기 2번 ➡ 다음 코에 긴뜨기 1번) ➡ *을 4번 더 반복 ➡ 다음 8[10]코에 각각 긴뜨기 1번씩 ➡ *을 5번 더 반복 ➡ 처음 긴뜨기 코에 빼뜨기하여 연결

이중바닥(140쪽 참조)
바닥을 2장 뜨기 ➡ 한 장은 실을 끊고, 다른 한 장은 실을 남겨두기 ➡ 바닥 2장을 안과 안이 마주하게 놓고, 바깥쪽에서 실을 끌어낸 다음 빼뜨기로 둘러가며 바닥 2장을 연결

실 새로 잇기(139쪽 참조)
사슬코를 만들 때처럼 새 실로 고리를 만들고 새롭게 떠나갈 코에 바늘을 넣은 다음 만들어 둔 실 고리를 걸어 빼기

flowery sandals
꽃 샌들

여름 소품에 신고 나가면 딱 좋은 샌들로, 발등에 피어난 꽃과 그 주변으로 꽃을 감싸고 있는 이파리를 표현해 보았어요. 꽃과 꽃잎 색상은 원하는 대로 바꾸어 떠도 좋아요.

＊왼짝과 오른짝 모두 뜨는 법이 같아요.

바닥 뜨기
바닥패턴1의 이중바닥
(바탕실로 뜬 다음 실을 끊어 매듭짓습니다.)

꽃 뜨기

배색실(핑크)로 다음과 같이 뜹니다.

사슬뜨기로 원형코 만들기: 사슬뜨기 4번 ➡ 처음 사슬에 빼뜨기하여 연결(135쪽 '빼뜨기' 참조)

1단: 사슬뜨기 1번 ➡ 링 안에 바늘을 넣어 짧은뜨기 8번 ➡ 처음 짧은뜨기 코에 빼뜨기하여 연결

2단: (사슬 머리 앞쪽 한 가닥 주워 뜨기) *{사슬뜨기 3번 ➡ 다음 코에 빼뜨기} ➡ *을 7번 더 반복(총 8개의 꽃잎이 완성)

3단: *{다음 꽃잎(이전 단의 사슬뜨기로 생긴 사슬 공간) 안에 넣어 짧은뜨기 4번} ➡ *을 끝까지 반복 ➡ 처음 짧은뜨기 코에 빼뜨기하여 연결 ❶

이파리 뜨기

꽃 2단의 뒤쪽 사슬 한 가닥을 주워 배색실(연두)로 다음과 같이 뜹니다.

1단: *{사슬뜨기 8번 ➡ 다음 코에 빼뜨기 1번} ❷ ➡ *을 7번 더 반복(총 8개의 고리 모양 이파리 완성)

2단: 처음 이파리 고리에 넣어서 짧은뜨기 6번 ➡ 바닥의 옆쪽 7[9]번째 코(100쪽 바닥 사진 참조)에 빼뜨기하여 연결 ❸ ➡ 계속해서 같은 이파리 고리에 짧은뜨기 6번 ➡ *{다음 이파리 고리에 넣어서 짧은뜨기 6번 ➡ (바닥의) 빼뜨기 2코 건너뛰기 ➡ (바닥의) 다음 코에 빼뜨기로 연결 ➡ 같은 이파리 고리에 넣어서 짧은뜨기 6번} ❹ ➡ *을 6번 더 반복 ➡ 처음 짧은뜨기 코에 빼뜨기하여 연결

발목을 감싸는 스트랩 뜨기

배색실(연두)을 마지막 이파리 고리가 바닥에 연결되어 있는 곳에서 2번째 짧은뜨기 코에 잇고 다음과 같이 뜹니다.

1단: 사슬뜨기 1번 후 같은 코에 짧은뜨기 1번 ➡ 다음 2코에 각각 짧은뜨기 1번씩 ❺ ➡ 편물 돌리기

2단: 사슬뜨기 1번 ➡ 다음 3코에 각각 짧은뜨기 1번씩 ➡ 편물 돌리기

3-22[26]단: 2단을 20[24]번 더 반복

떠놓은 발등 부분의 안쪽이 보이도록 신발을 뒤집은 다음, 첫 번째 이파리 고리가 바닥에 연결되어 있는 곳에서 2번째 짧은뜨기 코부터 빼뜨기하여 스트랩을 이파리 고리와 연결합니다. ❻ 다시 신발을 뒤집어 겉쪽이 보이도록 합니다.

뒤꿈치 스트랩 뜨기

바닥의 뒤쪽 중앙 4코 중 가장 오른쪽 코에 배색실(연두)을 새로 잇고 다음과 같이 뜹니다.

1단: 사슬뜨기 1번 후 같은 코에 짧은뜨기 1번 ➡ 다음 3코에 각각 짧은뜨기 1번씩 ❼ ➡ 편물 돌리기

2단: 사슬뜨기 1번 ➡ 다음 4코에 각각 짧은뜨기 1번씩 ➡ 편물 돌리기

3-13단: 2단을 11번 더 반복

뒤꿈치 스트랩을 옆날개 스트랩의 뒤쪽을 감듯이 접은 다음 마지막 단을 첫 번째 단과 빼뜨기로 연결합니다. ❽ 실을 끊어 마무리합니다. (혹은 13단이 끝난 후 실을 길게 남기고 자른 다음 돗바늘을 이용해 꿰매도 됩니다.)

레 벨	2단계
사이즈	0–6개월: 발바닥 길이 9cm
	6–12개월: 발바닥 길이 10cm
	(수치가 서로 다를 경우 6–12개월은 [ ]로 표시)
실 색상	핑크
바 늘	3.25mm 또는 5호
준비물	돗바늘
게이지	5×5cm에 짧은뜨기 10코 10단
뜨개법	바닥패턴1(140쪽 참조)

바닥패턴1(140쪽 참조)

1단: 사슬뜨기 11[13]번 ➡ 사슬코에서 3번째 사슬에 긴뜨기 1번 ➡ 다음 7[9]개 사슬에 각각 긴뜨기 1번씩 ➡ 마지막 사슬에 긴뜨기 6번 ➡ (반대쪽) ➡ 다음 7[9]개 사슬에 각각 긴뜨기 1번씩 ➡ 마지막 사슬에 긴뜨기 5번 ➡ 처음 긴뜨기 코에 빼뜨기하여 연결

2단: 사슬뜨기 1번 ➡ 다음 8[10]코에 각각 긴뜨기 1번씩 ➡ 다음 5코에 각각 긴뜨기 2번씩 ➡ 다음 8[10]코에 각각 긴뜨기 1번씩 ➡ 다음 5코에 각각 긴뜨기 2번씩 ➡ 처음 긴뜨기 코에 빼뜨기하여 연결

3단: 사슬뜨기 1번 ➡ 다음 8[10]코에 각각 긴뜨기 1번씩 ➡ *{다음 코에 긴뜨기 2번 ➡ 다음 코에 긴뜨기 1번}➡*을 4번 더 반복 ➡ 다음 8[10]코에 각각 긴뜨기 1번씩 ➡ *을 5번 더 반복 ➡ 처음 긴뜨기 코에 빼뜨기하여 연결

이중바닥(140쪽 참조)

바닥을 2장 뜨기 ➡ 한 장은 실을 끊고, 다른 한 장은 실을 남겨두기 ➡ 바닥 2장을 안과 안이 마주하게 놓고, 바깥쪽에서 실을 끌어낸 다음 빼뜨기로 둘러가며 바닥 2장을 연결

짧은뜨기 2코 모아뜨기(136쪽 참조)

*{코에 바늘 넣기 ➡ 실을 감아 빼기}➡ 다음 코에 *을 반복 ➡ 실을 감아 바늘 위의 고리 3개를 모두 빼내기

실 새로 잇기(139쪽 참조)

사슬코를 만들 때처럼 새 실로 고리를 만들고 새롭게 떠나갈 코에 바늘을 넣은 다음 만들어둔 실 고리를 걸어 빼기

pompom slippers
폼폼 슬리퍼

발가락이 살짝 보이는 폼폼 슬리퍼는 부드러운 솜사탕을 연상시키는 폭신폭신한 폼폼을 발등에 달아놓은 슬리퍼예요.

＊왼짝과 오른짝 모두 뜨는 법이 같아요.

바닥 뜨기

바닥패턴1의 이중바닥
(뜨기가 끝나면 실을 끊어 매듭짓습니다.)

뒤꿈치 뜨기

바닥의 옆쪽 9[11]코의 중앙(100쪽 바닥 사진 참조)에 실을 잇고 이중바닥을 만들면서 생긴 빼뜨기 머리 사슬 두 가닥을 주워서 다음과 같이 뜹니다.

1단: 사슬뜨기 1번 후 같은 코에 짧은뜨기 1번 ➡ 다음 24[26]코에 각각 짧은뜨기 1번씩 ➡ 편물 돌리기

2단: 짧은뜨기 2코 모아뜨기 ➡ 다음 21[23]코에 각각 짧은뜨기 1번씩 ➡ 짧은뜨기 2코 모아뜨기 ➡ 편물 돌리기

3단: 짧은뜨기 2코 모아뜨기 ➡ 다음 19[21]코에 각각 짧은뜨기 1번씩 ➡ 짧은뜨기 2코 모아뜨기 ➡ 편물 돌리기

4단: 짧은뜨기 2코 모아뜨기 ➡ 다음 17[19]코에 각각 짧은뜨기 1번씩 ➡ 짧은뜨기 2코 모아뜨기 ➡ 편물 돌리기

5단: 짧은뜨기 2코 모아뜨기 ➡ 다음 15[17]코에 각각 한길긴뜨기 1번씩 ➡ 짧은뜨기 2코 모아뜨기

실을 끊지 말고 계속 이어서 스트랩을 뜹니다.

스트랩 뜨기

1단: 사슬뜨기 1번 ➡ 이후 (뒤꿈치의 단 끝을 따라가며) 4코에 각각 짧은뜨기 1번씩 ❶ ➡ 편물 돌리기

2-12단: 사슬뜨기 1번 ➡ 다음 4코에 짧은뜨기 1번씩 ➡ 편물 돌리기 ➡ 실을 끊고 마무리 ❷

나머지 반대쪽 스트랩은 뒤꿈치의 반대쪽에 실을 잇고 위와 같은 방법으로 뜹니다.

뒤꿈치와 스트랩 테두리 뜨기

치 안쪽이 보이도록 신발을 놓고(그림❷ 참조) 오른쪽 스트랩이 끝나는 뒤꿈치 바닥 쪽 끝코에 실을 이은 다음 스트랩 테두리(스트랩 단의 끝, 스트랩의 마지막 단, 스트랩 단의 반대쪽 끝) ➡ 뒤꿈치 마지막 단 ➡ 왼쪽 스트랩 테두리 순서대로 둘러가며 짧은뜨기를 1번씩 합니다.

스트랩 고정하기

테두리 뜨기가 끝나면 스트랩을 바닥 겉쪽으로 넘겨 뒤집고 두 스트랩을 크로스로 놓은 다음 하나씩 바닥 쪽에 빼뜨기하여 연결합니다. 즉, 바닥과 뒤꿈치가 만나는 곳에서 빼뜨기 2코 건너뛰고 다음 4코(바닥의 빼뜨기 머리 사슬 모두를 주워서)에 각각 빼뜨기합니다. 실을 끊어 마무리하고 다른 쪽 스트랩도 같은 방법으로 반대쪽 바닥에 연결합니다. 주의할 점은 왼쪽과 오른쪽의 스트랩을 크로스하는 방향이 반대가 되어야 한다는 점입니다.

❸.❹

꽃 뜨기

사슬뜨기로 원형코 만들기: 사슬뜨기 4번 ➡ 처음 사슬에 빼뜨기하여 연결(135쪽 '빼뜨기' 참조)

1단: 사슬뜨기 1번 ➡ 링 안에 바늘을 넣어 짧은뜨기 9번 ➡ 처음 짧은뜨기 코에 빼뜨기

2단: (머리 사슬 뒤쪽 한 가닥 주워 뜨기) 사슬뜨기 1번 ➡ 이후 모든 코에 짧은뜨기 2번씩(총 18개의 짧은뜨기) ➡ 처음 짧은뜨기 코에 빼뜨기하여 연결

3단: (머리 사슬 뒤쪽 한 가닥 주워 뜨기) 다음 짧은뜨기 코에 *{빼뜨기 1번, 사슬뜨기 6번, 빼뜨기 1번} ➡ 다음 짧은뜨기 코에 *를 뜨기 ❺ ➡ 이후 모든 짧은뜨기 코에 *를 뜨기 (총 18개의 꽃잎 완성)

4단: (2단의 머리 사슬 앞쪽 한 가닥 주워 뜨기) 처음 짧은뜨기 코에 {빼뜨기 1번, 사슬뜨기 6번, 짧은뜨기 1번} ➡ 이후 모든 짧은뜨기 코에 {짧은드기 1번, 사슬뜨기 6번, 짧은뜨기 1번}을 반복(총 18개의 꽃잎 완성) ➡ 처음 빼뜨기 코에 빼뜨기

5단: (1단의 머리 사슬 앞쪽 한 가닥 주워 뜨기) 처음 짧은뜨기 코에 {빼뜨기 1번, 사슬뜨기 6번, 짧은드기 1번} ❻ ➡ 이후 모든 짧은뜨기 코에 {짧은뜨기 1번, 사슬뜨기 6번, 짧은뜨기 1번}을 반복 ➡ 처음 빼뜨기 코에 빼뜨기(총 9개의 꽃잎 완성) ❼

• • •

실을 길게 남기고 끊은 다음 돗바늘에 남긴 실을 꿰고 완성된 폼폼 꽃을 발등(겹쳐진 스트랩) 두 겹에 꿰매 고정시킵니다.

레 벨	3단계
사이즈	0–6개월: 발바닥 길이 9cm
	6–12개월: 발바닥 길이 10cm
	(수치가 서로 다를 경우 6–12개월은 [ ]로 표시)
실 색상	바탕실: 연한 갈색
	배색실: 초크 화이트(아란같은 굵은 실 추천)
바 늘	3.25mm 또는 5호
준비물	돗바늘, 단추 2개
게이지	5×5cm에 짧은뜨기 10코 10단
뜨개법	**바닥패턴1**(140쪽 참조)

뜨개법 바닥패턴1(140쪽 참조)

1단: 사슬뜨기 11[13]번 ➜ 사슬코에서 3번째 사슬에 긴뜨기 1번 ➜ 다음 7[9]개 사슬에 각각 긴뜨기 1번씩 ➜ 마지막 사슬에 긴뜨기 6번 ➜ (반대쪽) ➜ 다음 7[9]개 사슬에 각각 긴뜨기 1번씩 ➜ 마지막 사슬에 긴뜨기 5번 ➜ 처음 긴뜨기 코에 빼뜨기하여 연결

2단: 사슬뜨기 1번 ➜ 다음 8[10]에 각각 긴뜨기 1번씩 ➜ 다음 5코에 각각 긴뜨기 2번씩 ➜ 다음 8[10]코에 각각 긴뜨기 1번씩 ➜ 다음 5코에 각각 긴뜨기 2번씩 ➜ 처음 긴뜨기 코에 빼뜨기하여 연결

3단: 사슬뜨기 1번 ➜ 다음 8[10]코에 각각 긴뜨기 1번씩 ➜ *(다음 코에 긴뜨기 2번 ➜ 다음 코에 긴뜨기 1번) ➜ *을 4번 더 반복 ➜ 다음 8[10]코에 각각 긴뜨기 1번씩 ➜ *을 5번 더 반복 ➜ 처음 긴뜨기 코에 빼뜨기하여 연결

이중바닥(140쪽 참조)
바닥을 2장 뜨기 ➜ 한 장은 실을 끊고, 다른 한 장은 실을 남겨두기 ➜ 바닥 2장을 안과 안이 마주하게 놓고, 바깥쪽에서 실을 끌어낸 다음 빼뜨기로 둘러가며 바닥 2장을 연결

실 새로 잇기(139쪽 참조)
사슬코를 만들 때처럼 새 실로 고리를 만들고 새롭게 떠나갈 코에 바늘을 넣은 다음 만들어둔 실 고리를 걸어 빼기

gladiator sandals
글래디에이터 샌들

이 샌들은 모험심 가득한 아이에게 딱이에요.
배색실로 테두리를 둘러 더 멋스럽고, 스트랩들이
발을 충분히 감싸주어서 안정감도 느껴지는
샌들이랍니다.

＊왼짝과 오른짝의 뜨는 법이 조금 다르니 주의하세요.

바닥 뜨기
바닥패턴1의 이중바닥
(배색실로 뜬 다음 실을 끊어 매듭짓습니다.)

T스트랩 뜨기

바닥의 발가락 쪽 중앙 7코를 표시한 후 바탕실
(연한 갈색)을 해당 부분 가장 오른쪽 끝에 잇고 다음과 같이 뜹니다.

1단: 사슬뜨기 1번 후 같은 코에 짧은뜨기 1번 ➡
다음 6코에 각각 짧은뜨기 1번씩 ➡ 편물 돌리기

2단: 사슬뜨기 1번 ➡ 다음 코 건너뛰기 ➡ 다음 6
코에 각각 짧은뜨기 1번씩 ➡ 편물 돌리기

3단: 사슬뜨기 1번 ➡ 다음 코 건너뛰기 ➡ 다음 5
코에 각각 짧은뜨기 1번씩 ➡ 편물 돌리기

4단: 사슬뜨기 1번 ➡ 다음 코 건너뛰기 ➡ 다음 4
코에 각각 짧은뜨기 1번씩 ➡ 편물 돌리기

5단: 사슬뜨기 1번 ➡ 다음 코 건너뛰기 ➡ 다음 3

코에 각각 짧은뜨기 1번씩 ➡ 편물 돌리기

6단: 사슬뜨기 1번 ➡ 다음 3코에 각각 짧은뜨기 1
번씩 ➡ 편물 돌리기

7-19[21]단: 6단을 13[15]번 더 반복 ➡ 실을 끊고
마무리 ❶

발등 스트랩 뜨기

바닥의 T스트랩 끝코에서 4[5]번째 코에 바탕실(
연한 갈색)을 잇고 다음과 같이 뜹니다.

1단: 사슬뜨기 1번 후 같은 코에 짧은뜨기 1번 ➡
다음 2코에 각각 짧은뜨기 1번씩 ❷ ➡ 편물 돌
리기

2-12단: 사슬뜨기 1번 ➡ 다음 3코에 각각 짧은뜨
기 1번씩 ➡ 편물 돌리기

바닥의 반대쪽 T스트랩 끝에서 3코를 건너뛰고
다음 3코에 각각 빼뜨기하여 스트랩을 바닥에 연
결하고 실을 끊어줍니다. ❸

뒤꿈치와 발목 스트랩 뜨기

발등 스트랩으로부터 4번째 코에 바탕실(브라운)
을 잇고 다음과 같이 뜹니다.

1단: 사슬뜨기 1번 후 같은 코에 짧은뜨기 1번
➡ 다음 20[22]코에 각각 짧은뜨기 1번씩 ➡ 사슬
뜨기 12번 ➡ 처음 짧은뜨기 코에 빼뜨기하여 연
결 ❹

2단: 사슬뜨기 1번 후 같은 코에 짧은뜨기 1번 ➡ 다음 32[34]코에 각각 짧은뜨기 1번씩 ➡ 처음 짧은뜨기 코에 빼뜨기하여 연결

3단: 사슬뜨기 1번 ➡ 다음 33[35]코에 각각 짧은뜨기 1번씩 ➡ 처음 짧은뜨기 코에 빼뜨기하여 연결

4단(뒤꿈치 쪽만 왕복뜨기): 사슬뜨기 1번 ➡ 다음 21[23]코에 짧은뜨기 1번 ➡ 편물 돌리기

5-6단: 4단을 2번 더 반복

7단(오른쪽): 사슬뜨기 12번 ➡ 사슬코에서 2번째 사슬에 짧은뜨기 1번 ➡ 이후 모든 사슬들에 짧은뜨기 1번씩 ➡ 다음 (뒤꿈치를 둘러가며) 21[23]코에 각각 짧은뜨기 1번씩 ➡ 편물 돌리기

8단(오른쪽): 사슬뜨기 1번 ➡ 다음 32[34]코에 각각 짧은뜨기 1번씩 ➡ 실을 끊고 마무리 ❺

7단(왼쪽): 실을 끊고 새 실을 반대쪽 뒤꿈치 첫 번째 짧은뜨기 코에 잇기 ➡ 사슬뜨기 12번 ➡ 사슬코에서 2번째 사슬에 짧은뜨기 1번 ➡ 이후 모든 사슬들에 짧은뜨기 1번씩 ➡ 처음 사슬뜨기 했던 코에 짧은뜨기 1번 ➡ 다음 20[22]코에 각각 짧은뜨기 1번씩 ➡ 편물 돌리기

8단(왼쪽): 사슬뜨기 1번 ➡ 다음 32[34]코에 각각 짧은뜨기 1번씩 ➡ 실을 끊고 마무리

테두리 뜨기

T스트랩 테두리: T스트랩의 오른쪽 끝 바닥 쪽에 배색실(초크 화이트)을 잇고 T스트랩 단의 끝(수직 방향), T스트랩 마지막 단, T스트랩 반대쪽 단의 끝(수직 방향)을 순서대로 따라가며 각각 짧은뜨기 1번씩 ➡ 실을 끊고 마무리 ❻

발등 스트랩 테두리: 발등 스트랩 끝(발가락에 가까운 쪽)에 배색실(초크 화이트)을 잇고 발등 스트랩 단의 끝(수직 방향)을 따라가며 각각 짧은뜨기 1번씩 ➡ 실 끊기 ➡ 발등 스트랩 반대쪽 끝(발목에 가까운 쪽)에 실을 잇고 발등 스트랩 단의 끝(수직 방향)을 따라가며 각각 짧은뜨기 1번씩 ➡ 실을 끊고 마무리 ❼

발목 스트랩과 뒤꿈치 테두리: 발목 스트랩 끝(발등에 가까운 쪽)에 배색실(초크 화이트)을 잇고 발목 스트랩 단의 끝(수직 방향)을 따라가며 각각 짧은뜨기 1번씩 ➡ 실 끊기 ➡ 발목 스트랩 반대쪽 끝(발목에 가

까운 쪽)에 실을 잇고 발목 스트랩 단의 끝(수직 방향), 뒤꿈치 단의 끝(수직 방향), 뒤꿈치 마지막 단(위쪽 발목 스트랩을 포함)을 따라 각각 짧은뜨기 1번씩 ➡ 사슬뜨기 7번(고리를 만들기 위함) ➡ 위쪽 발목 스트랩의 단의 끝(수직 방향)을 따라 각각 짧은뜨기 1번씩 ➡ 실을 끊고 마무리 ❽

• • •

바탕실(연한 갈색)을 돗바늘에 꿰고 바탕실로 된 라인을 따라 T스트랩을 백 스티치(139쪽 참조)로 발등 및 아래쪽 발목 스트랩에 고정시킵니다. ❾ T스트랩의 끝에 이르면 위쪽 발목 스트랩이 들어갈 수 있도록 둥글게 말아 고리를 만들고 꿰매 고정시킵니다. ❿ 위쪽 발목 스트랩을 잠글 수 있도록 128쪽 사진을 참고해 적당한 곳에 단추를 달아줍니다.

tip

돗바늘로 스트랩을 고정시킬 때 이중바닥의 윗장과 아랫장 사이에 바늘을 넣으면 실이 보이지 않게 감출 수 있습니다.

코바늘뜨기 기초

도구와 재료

30개의 귀여운 아기 신발들을 뜨기 전에 아래와 같은 필요 도구들을 모두 준비해놓고 시작하기를 권합니다. 또한 이어지는 코바늘뜨기 기초에 관한 내용들을 미리 꼼꼼히 읽어보시기 바랍니다. 그래야 뜨기법에 대한 혼란 없이 이 책에서 소개하는 예제대로 예쁜 신발을 완성할 수 있습니다.

코바늘

코바늘은 나무, 플라스틱, 금속, 상아 등 다양한 재료와 크기, 모양으로 생산되고 있습니다. 이 책에서는 3.25mm(또는 5호)와 3.5mm(6호)의 코바늘을 주로 사용하였습니다. 아기 신발을 뜰 때는 작은 사이즈의 바늘을 이용하면 촘촘하고 튼튼하게 떠져서 모양이 잘 잡힙니다.

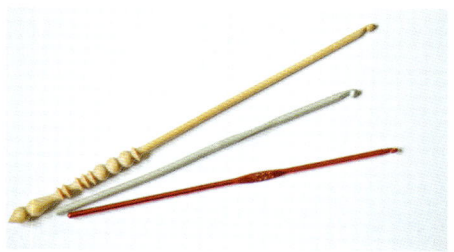

줄자 혹은 게이지 자

바늘의 사이즈를 잴 때, 뜨기의 게이지를 확인할 때, 그리고 완성된 편물의 크기를 재기 위해 사용합니다.

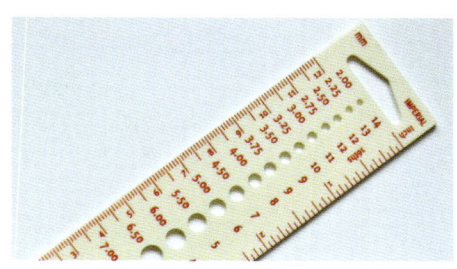

스티치 마커

원통뜨기 할 때 첫 코를 표시하거나 왕복뜨기 할 대 특정한 위치를 표시하기 위해 사용합니다. 단수 마커라고도 합니다.

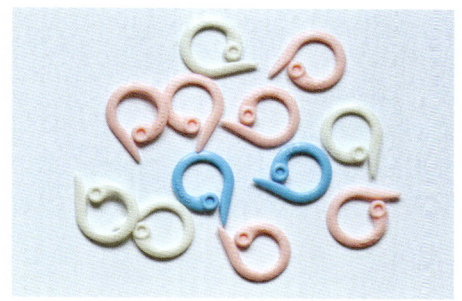

가위

실을 자르고 끝부분을 다듬을 때 사용합니다.

시침핀

돗바늘을 이용해 두 조각을 서로 꿰매 이을 때 시침핀으로 먼저 고정해 놓고 사용하면 편리합니다.

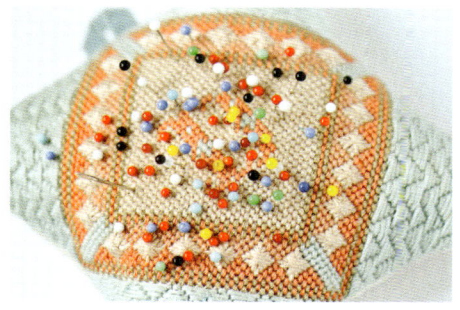

돗바늘

조각을 서로 꿰매 이을 때나 마무리할 때 사용합니다. 실을 꿰기 쉽도록 귀가 넓고 긴 것이 특징입니다.

실

아기 신발을 뜰 때 사용하는 실은 면사나 모사를 추천하고, 100% 아크릴로 된 실은 권하지 않습니다. 아크릴사는 모양이 유지되기가 힘들기 때문입니다.

이 책에서 사용한 실의 구체적인 제품명은 142쪽에 제시하였으니, 똑같은 실을 구하지 못하더라도 혼방률 등을 참고해 적절한 실을 고르기 바랍니다. 다만, 책에서 제시하고 있는 게이지가 유지되는지 확인한 후 뜨도록 하세요.

실타래를 감고 있는 라벨에는 실에 관한 정보가 적혀 있습니다. 표시되는 형식은 브랜드나 실마다 모두 다르지만, 일반적으로 소재 혹은 혼방률, 중량, 길이, 적당한 바늘 호수, 게이지, 세탁법 등이 표시되어 있으니 이를 참고하여 적당한 실을 고르면 됩니다. 단, 게이지의 경우 뜨는 사람에 따라 달라지므로 라벨에 표시된 그대로 생각하기보다 직접 본인이 떠보면서 확인해야 합니다.

특히 컷워크 슈즈(31쪽)처럼 털실같은 풍성한 느낌이 드는 신발, 모카신(45쪽), 데저트 부츠(66쪽), 우븐 레더 샌들(105쪽)처럼 두툼하게 떠야 하는 신발의 경우 소재를 확인하여 비슷한 느낌을 줄 수 있는 실로 선택합니다.

용어와 뜨개법

코바늘뜨기는 간단하면서도 섬세하게 변형을 줄 수 있는 수많은 기법들의 조합이라고 할 수 있습니다. 따라서 가장 기본적인 것을 익혔다는 것은 조금씩 변형하며 떠나가는 다양한 코바늘뜨기에 도전할 준비가 되었다는 것을 뜻합니다. 일단 사슬뜨기부터 마스터해보세요. 환상적인 코바늘 세계가 열릴 것입니다.

사슬의 모양

모든 코바늘뜨기의 시작은 사슬뜨기(135쪽 참조)라 할 수 있습니다. 이때 사슬의 모양과 구성을 제대로 이해해야 하는데, 사슬은 V자 모양의 사슬(머리 사슬)로만 구성된 것이 아니라 사슬 뒤쪽에 '콧등(혹은 뒷산)'이라는 부르는 곳이 하나 더 있습니다.

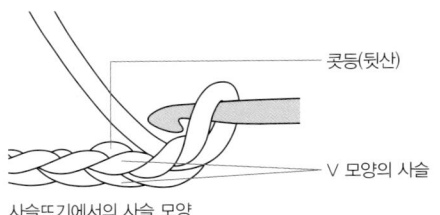

콧등(뒷산)

V 모양의 사슬

사슬뜨기에서의 사슬 모양

그래서 뜨기를 할 때 콧등을 주워서(콧등에 바늘을 넣어서) 뜨는 경우, V 모양의 사슬 위나 아래 한 가닥을 주워서 뜨는 경우 등 여러 가지 경우가 있습니다.

사슬뜨기(기초 사슬, 135쪽 참조)를 한 후 되돌아 사슬을 주워 뜰때는 만들 때는 주로 콧등만 혹은 콧등과 V 모양의 사슬 중 뒤쪽 한 가닥을 주워 뜹니다.

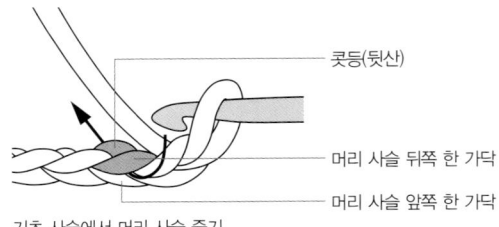

콧등(뒷산)

머리 사슬 뒤쪽 한 가닥

머리 사슬 앞쪽 한 가닥

기초 사슬에서 머리 사슬 줍기

편물에서는 일반적으로 V 모양의 머리 사슬 두 가닥을 주워서 뜨고,
그 외에 따라 하기 과정에서 특별히 주워 뜨는 방법에 대한 지시가
있을 경우 그에 맞게 떠야 합니다.

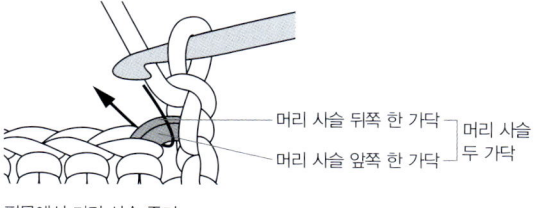

머리 사슬 뒤쪽 한 가닥 ┐ 머리 사슬
머리 사슬 앞쪽 한 가닥 ┘ 두 가닥

편물에서 머리 사슬 줍기

코바늘 쥐기

코바늘을 쥘 때 연필을 잡듯이 쥐는 사람. 칼을 잡듯이 쥐는 사람 등
사람들마다 방법이 다릅니다. 방법을 바꿔보면서 자신에게 맞는 방법
을 찾는 것이 제일 좋습니다.

시작코 만들기

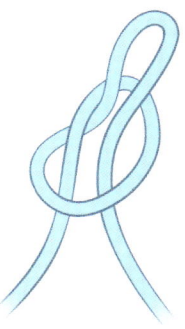

시작코는 말 그대로 모든 뜨기의 시
작이 됩니다. 왼손으로 실 끝을 잡
고 바늘로 실을 뒤에서 앞으로 감아
오면 바늘 위에 고리가 하나 걸리게
됩니다. 그 상태에서 바늘에 실을
한 번 더 감아 고리 사이로 뺍니다.
그리고 실을 단단하게 당기면 시작
코가 만들어집니다.

사슬뜨기

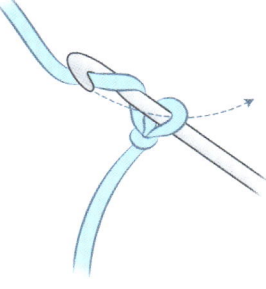

시작코로 만들어진 고리에 바
늘을 넣고 시작코 매듭 아래
늘어진 실 꼬리를 왼손으로 잡
은 다음 바늘에 실을 걸어 빼
내면 됩니다. 바늘에 실을 걸
때는 바늘을 실 왼쪽으로 넣어
뒤에서 앞으로 원을 그리며 감
아줍니다.

원하는 개수의 사슬이 만들어질 때까지 사슬뜨기를 반복하되, 왼손으
로 실 끝을 계속 잡은 상태를 유지하도록 합니다.

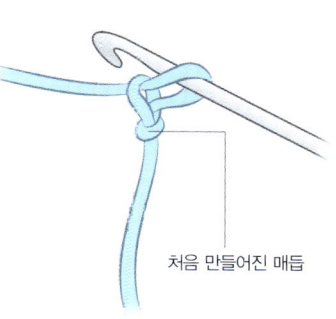

주의할 점은 처음 만들
어진 매듭은 한 코로 세
지 않는다는 점입니다.

처음 만들어진 매듭

기초 사슬과 사슬 수 세는 법

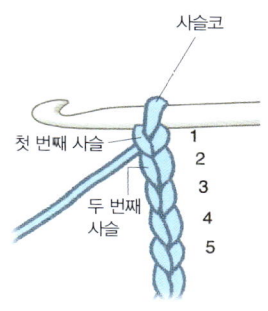

사슬코

첫 번째 사슬

두 번째 사슬

1
2
3
4
5

기초 사슬이란 사슬뜨기를 여
러 번 해서 길게 세운 다음 그
것을 기초로 원형이나 타원 등
을 뜨는 것을 말합니다. 기초
사슬에서 사슬 수를 셀 때는
편물의 겉면 즉, V자가 잘 보
이는 쪽을 이용합니다. 처음
만든 시작코의 매듭은 세지 않
고 V자 모양 하나를 사슬 하나로 셉니다. 맨 끝 코바늘에 걸려있는
고리는 '사슬코'라고 하며 이 책에서 사슬코에서 ~번째 사슬에서 뜨
라고 할 때 사슬의 위치를 세는 방법은 그림과 같습니다.

빼뜨기

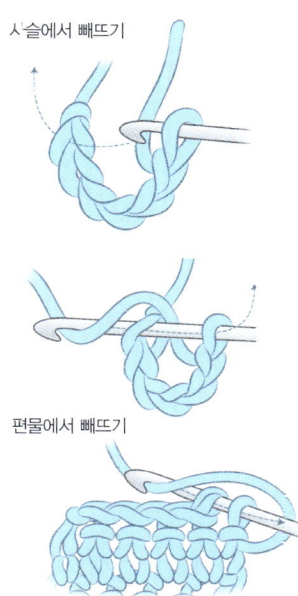

사슬에서 빼뜨기

편물에서 빼뜨기

빼뜨기는 기초 사슬을 뜨고 이것을
원형으로 만들 때처럼 주로 다른
코와 연결할 때 사용합니다. 대가
머리 사슬 두 가닥을 주워 뜨는데
사슬에 빼뜨기를 할 때는 머리 사
슬 뒤쪽 한 가닥을 주워 뜨는 것이
좋습니다.

사슬에서는 사슬(머리 사슬 뒤쪽 한
가닥) 안에 바늘을 넣고 실을 감아
이미 바늘에 걸려 있는 고리까지
한 번에 빼냅니다.

편물에서는 머리 사슬 두 가닥 아
래에 바늘을 넣고 실을 감아 그 미
바늘에 걸려 있는 고리까지 한 번
에 빼냅니다.

기초 사슬로 원형(링) 뜨기

기초 사슬을 뜬 후 빼뜨기로 마지막 사슬과 첫 번째 사슬을 연결합니다(135쪽 빼뜨기 참조). 그리고 다음 단은 사슬을 연결함으로써 생긴 구멍(링) 안에 바늘을 넣어 뜹니다.

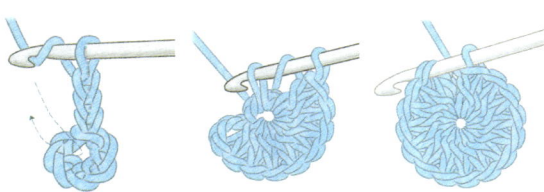

기초 사슬로 타원 뜨기

이 책에서는 모든 신발의 바닥을 뜰 때 길게 기초 사슬을 뜨고 그것을 중심으로 되돌아 떠 나가게 됩니다. 즉, 필요한 개수만큼 사슬을 뜬 다음 사슬코로부터 세 번째 사슬(머리 사슬 뒤쪽 한 가닥 또는 콧등까지 주워서)에 바늘을 넣어 긴뜨기를 시작합니다. 이때 맨 끝의 사슬에서는 6번 뜨기를 하여 자연스럽게 돌아서 반대편으로 넘어가도록 하였습니다. 반대편에서는 앞서 떠온 사슬의 남은 가닥에 바늘을 넣어 뜨게 되며 마지막 사슬(뜨기 시작한 맨 처음 사슬)에서 5번 더 뜬 다음 빼뜨기를 하여 처음과 끝을 연결하게 됩니다.

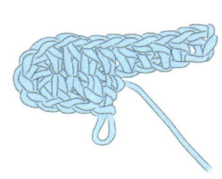

머리 사슬 가닥 구분하기

앞서 설명한 바와 같이 모든 코는 두 가닥의 실이 V 모양의 사슬을 이루고 있습니다. 이 책에서는 보는 이의 입장에서 멀리 있는 가닥을 '머리 사슬 뒤쪽 한 가닥', 가까이 있는 가닥을 '머리 사슬 앞쪽 한 가닥'이라고 설명하였습니다. 그리고 '기초 사슬로 타원 뜨기'에서처럼 한 가닥만 주워 떠서 남아 있는 사슬의 가닥은 '사슬의 남은 가닥'이라고 설명하였습니다.

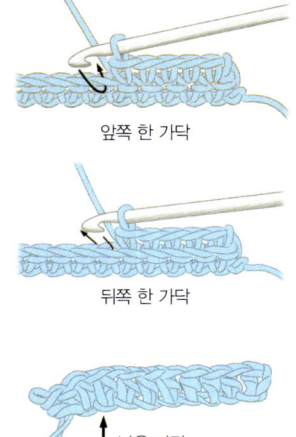

앞쪽 한 가닥

뒤쪽 한 가닥

↑ 남은 가닥

중간에 실 바꾸기

뜨는 도중에 실을 바꿀 때는 해당 뜨기의 마지막 단계에서 새 실을 가져옵니다. 예를 들어 실 색을 바꾸기 위해 새 실을 연결할 때, 짧은뜨기 도중 다른 실의 색으로 바꾸고자 한다면 바늘에 걸려 있는 고리를 빼내기 위해 실을 감을 때 새 실을 끌어와 빼냅니다.

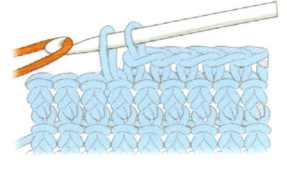

짧은뜨기

1 코에 바늘을 넣습니다. 그러면 바늘에 고리 2개가 걸린 모양이 되는데, 바늘에 실을 감아 고리 1개만 뺍니다.

2 다시 바늘에 실을 감고 바늘에 걸려 있는 고리 2개를 모두 빼냅니다.

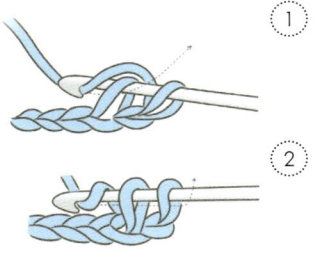

① ②

한길긴뜨기

길이가 길어서 뜨고 나면 모양이 확실하게 보입니다.

1 바늘에 실을 감고 코에 바늘을 넣은 다음 실을 한 번 더 감아서 뺍니다.

2 바늘 위에는 고리 3개가 남게 되는데, 바늘에 실을 감아 먼저 고리 2개를 빼냅니다.

3 다시 한 번 바늘에 실을 감아 남은 2개의 고리를 모두 빼냅니다.

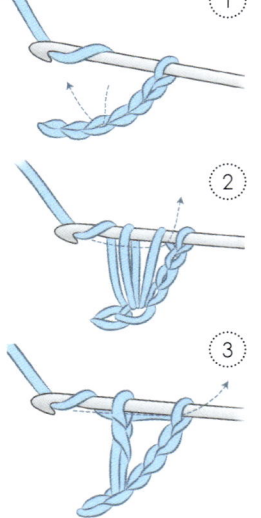

① ② ③

긴뜨기

한길긴뜨기에서 고리를 2개씩 빼내던 것과는 달리 고리 3개를 한꺼번에 빼냅니다.

즉, 바늘에 실을 감고 코에 바늘을 넣은 다음 실을 한 번 더 감아서 뺍니다. 그리고 다시 한 번 바늘에 실을 감아 바늘에 걸려 있는 고리 3개를 모두 빼냅니다.

짧은뜨기 2코 모아뜨기

말 그대로 짧은뜨기 2코를 모아서 1코로 만드는 방법입니다.

1 코에 바늘을 넣고 바늘에 실을 감아서 뺍니다.
2 바늘 위에 고리가 걸려 있는 채로 그 다음 코에 바늘을 넣고 바늘에 실을 감아서 뺍니다.
3 바늘 위에 걸린 3개의 고리를 실을 감아 모두 빼냅니다.

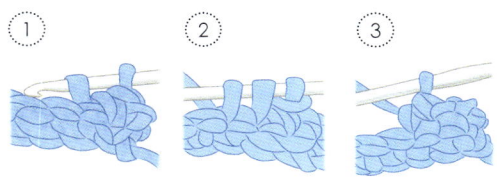

한길긴뜨기 2코 모아뜨기

1 실을 감고 코에 바늘을 넣은 다음 실을 한 번 더 감아서 뺍니다. 실을 감아 바늘 위에 걸린 고리 3개 중 2개를 빼냅니다. (미완성 한길긴뜨기)
2 실을 감아 그 다음 코에 바늘을 넣고 실을 감아 뺍니다. 실을 감아 바늘 위에 걸려 있는 고리 4개 중 2개를 빼냅니다.
3 다시 한 번 실을 감아 나머지 고리 3개를 한꺼번에 빼냅니다.

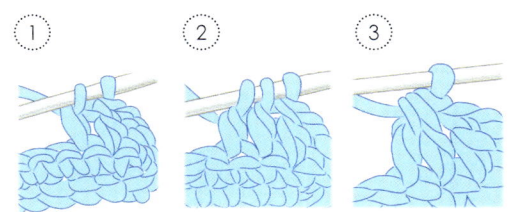

한길긴뜨기 8코 모아뜨기

미완성 한길긴뜨기를 8번 반복하고 바늘에 걸려 있는 9개의 고리를 실을 감아 모두 빼냅니다.

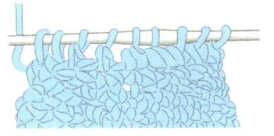

9개 고리가 걸려 있는 모습

즉, 실을 감고 코에 바늘을 넣은 다음 실을 한 번 더 감아서 빼냅니다. 그리고 다시 실을 감아 바늘 위에 걸려 있는 고리 중 2개만 빼냅니다. 이 과정을 8번 반복하고 마지막으로 그리에 걸려 있는 9개의 고리를 실을 감아 한꺼번에 빼냅니다.

한길긴뜨기 10코/11/코/12코 모아뜨기도 같은 방법으로 미완성 한길긴뜨기 횟수만 그에 맞게 늘려서 뜨면 됩니다.

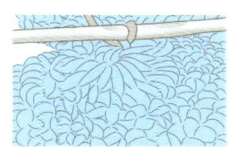

한길긴뜨기 여러 개를 모가뜬 모습

되돌려 짧은뜨기

마지막 코를 뜨고 난 후 편물을 돌리지 않고 바로 오른쪽 코에 바늘을 넣은 후 실을 감아 뺍니다. 실을 한 번 더 감아 바늘에 걸려 있는 고리 2개를 빼냅니다. 그 다음 오른쪽 코에 바늘을 넣고 같은 방법으로 끝까지 떠 나갑니다.

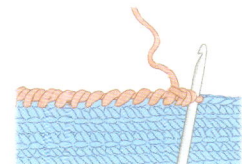

편물 돌리기를 하지 않은 채 뜨기

한길긴뜨기 앞걸어뜨기

뜨개법은 한길긴뜨기와 동일하되 머리 사슬 아래에 바늘을 넣는 것이 아니라 기둥에 바늘을 넣어 뜨는 방법입니다.

1 바늘에 실을 감고 기둥을 앞쪽에서 뒤쪽으로 줍습니다.
2 실을 감아 뺍니다.
3 바늘에 걸린 고리를 두 번에 걸쳐 빼냅니다.

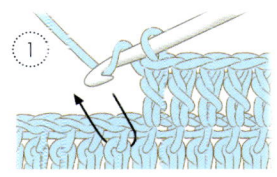

한길긴뜨기 뒤걸어뜨기

앞걸어뜨기와 반대로 기둥을 뒤쪽에서 앞쪽으로 주워 뜨는 방법입니다.

1 바늘에 실을 감고 바늘을 기둥 뒤쪽에서 앞쪽으로 줍습니다.
2 실을 감아 뺍니다.
3 바늘에 걸린 고리를 두 번에 걸쳐 빼냅니다.

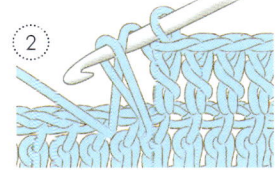

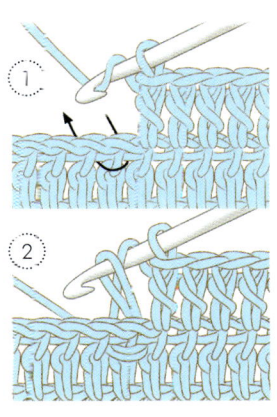

V 스티치

한 코에 {한길긴뜨기 1번, 사슬뜨기 1번, 한길긴뜨기 1번}을 뜹니다.

실을 끊고 마무리하기

1 마지막 코를 뜨고 나서 실을 5cm 정도 남긴 후 잘라냅니다.

2 바늘에 실을 감아줍니다.

3 바늘에 걸려 있는 고리를 통과해 빼냅니다.

구슬뜨기

1 실을 감고 코에 바늘을 넣어 실을 걸어 뺍니다.

2 실을 감아 고리 2개를 뺍니다.

3 이것을 같은 코에 2번 더 반복하면 바늘에 고리 4개가 남습니다.

4 실을 감아 걸려 있던 고리 4개를 한꺼번에 빼냅니다.

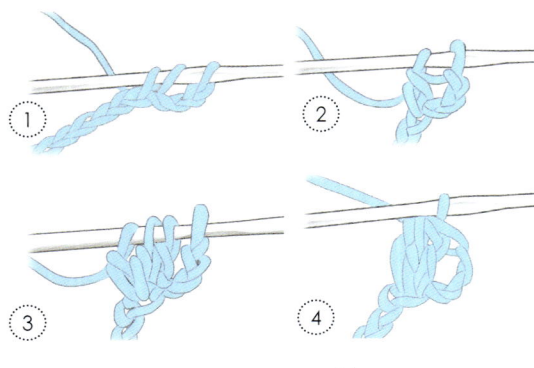

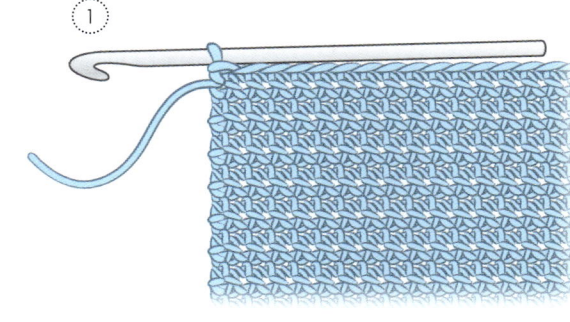

구슬뜨기 셸

한 코에 {구슬뜨기 1번, 사슬뜨기 3번, 구슬뜨기 1번, 사슬뜨기 3번, 구슬뜨기 1번, 사슬뜨기 3번, 구슬뜨기 1번}을 뜹니다.

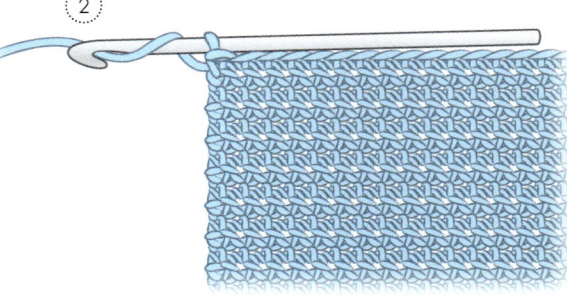

셸 뜨기

한 코에 {한길긴뜨기 1번, 사슬뜨기 2번, 한길긴뜨기 1번, 사슬뜨기 2번, 한길긴뜨기 1번}을 뜹니다.

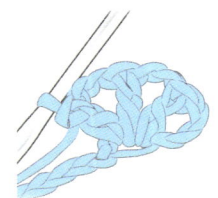

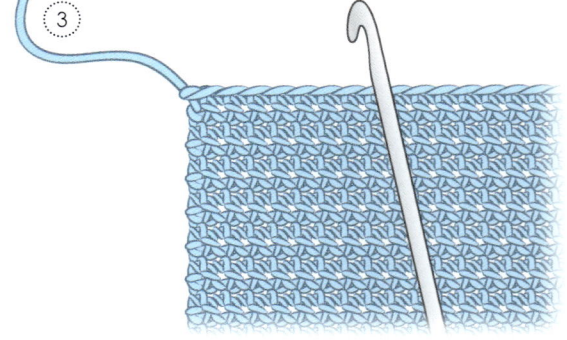

실 정리하기

1 여분 5cm를 남기고 잘라낸 실을 돗바늘에 꿰니다.
2 그림과 같이 아래로 5코 정도 사이를 통과시켜 실을 감춥니다.
3 삐져나온 실이 있다면 가위로 잘라냅니다.

실 새로 잇기

한쪽 뜨기를 마무리하고 다른 쪽에서 실을 이어 뜰 때는 사슬코를 만들 때처럼 새 실로 고리를 만들고 새롭게 떠나갈 코(혹은 지시한 코)에 바늘을 넣은 다음 만들어 둔 실 고리를 걸어 뺍니다.

꼬인실 만들기

원하는 길이의 4배 길이로 실을 자른 다음 실을 반으로 접고 한쪽을 고리나 문손잡이에 겁니다. 그리고 나머지 한쪽 끝을 한 방향으로 비벼서 꼬임을 만듭니다. 꼬임이 빽빽할수록 단단한 꼬임이 생기므로 원하는 정도로 꼬아줍니다. 단, 많이 꼬아줄수록 최종 완성된 실의 길이가 짧아지므로 이를 감안하여 작업합니다.

실을 충분히 꼰 다음 고리에 걸어두었던 실을 걷어내고 다시 반으로 접으면 저절로 감기면서 밧줄처럼 꼬이게 됩니다. 꼬인 실을 위아래로 훑어 내리면서 꼬임을 정리해줍니다. 양쪽 끝에 매듭을 짓고 여분의 실을 잘라냅니다.

백 스티치

이 책의 예제 중에는 완성된 두 개의 편물을 꿰매 주어야 하는 경우가 있는데, 이럴 때는 백 스티치가 유용합니다. 백 스티치는 오른쪽으로 되돌아가면서 왼쪽으로 나아가는 스티치라고 할 수 있으며 그 방법은 아래와 같습니다.

바늘을 빼낸(1) 다음 오른쪽으로 약간 떨어진 곳(2)에 바늘을 넣고 오른쪽으로 떨어졌던 만큼 왼쪽으로 떨어진 곳(3)에서 바늘을 뺍니다. 이번에는 같은 간격으로 오른쪽(4, 1과 같은 위치)에 바늘을 넣고 그 간격만큼 왼쪽으로 떨어진 곳(5)에서 바늘을 뺍니다.

이와 같은 방법으로 끝까지 반복합니다.

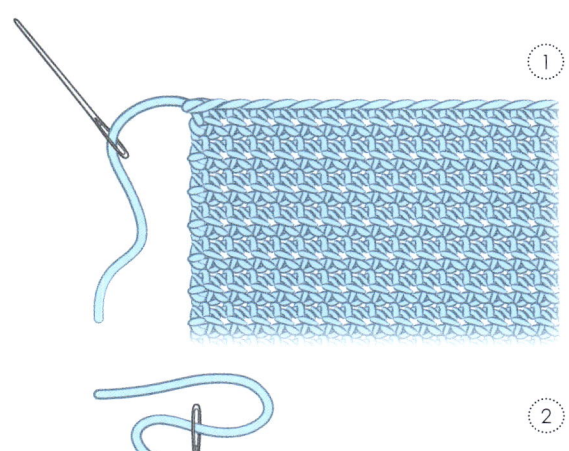

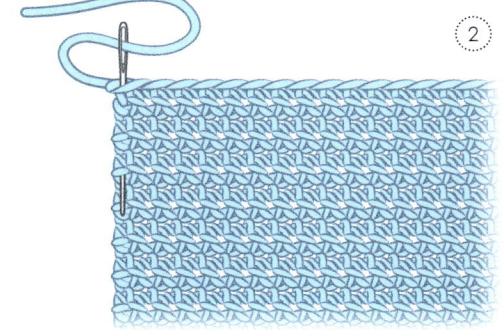

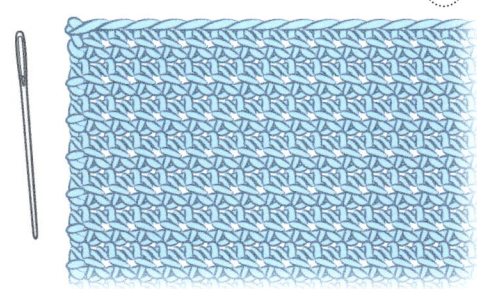

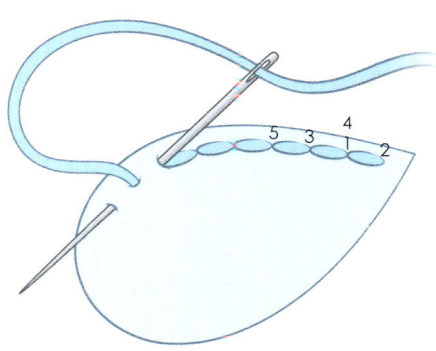

바닥패턴

이 책의 모든 신발들은 바닥 뜨기부터 시작됩니다. 이 책에서는 두 가지 패턴을 소개하고 있는데, 주로 바닥패턴1은 가는 실로, 바닥패턴2는 굵은 실로 뜰 때 사용합니다. 바닥을 뜰 때 주의할 점은 한 바퀴를 돌아 다음 단을 뜰 때 이전 단을 끝내기 위해 이전 단에서 빼뜨기로 연결했던 그곳이 아니라 첫 번째 긴뜨기 코에 연결해 주어야 한다는 점입니다.

예제에 따라 바닥을 뜨고 난 후 실을 매듭짓고 몸통을 새로 뜨는 경우도 있고, 바닥을 뜨던 실로 이어서 몸통을 뜨는 경우도 있으니 내용을 잘 확인한 후 떠 나가기 바랍니다.

이중바닥은 일부 부츠나 대부분의 샌들을 뜰 때 사용됩니다. 샌들의 몸통은 주로 스트랩으로 이루어져 있어 상당히 가볍습니다. 그래서 이중바닥을 이용해 견고함을 보완해 주고 안정된 모양을 유지하도록 했습니다. 이중바닥을 뜰 때는 바닥 2장을 빼뜨기로 연결할 때 특별히 주의를 기울여주세요. 이 부분이 제대로 완성되지 않으면 몸통을 뜰 때 문제가 생길 수 있기 때문입니다.

바닥패턴1

0~6개월(발길이 9cm) 기준 ※[ ]의 숫자는 6~12개월(발길이 10cm)

1단: 사슬뜨기 11[13]번 ➡ 사슬코에서 3번째 사슬에 긴뜨기 1번 ➡ 다음 7[9]개 사슬에 각각 긴뜨기 1번씩 ➡ 마지막 사슬에 긴뜨기 6번 ➡ (반대쪽) ➡ 다음 7[9]개 사슬에 각각 긴뜨기 1번씩 ➡ 마지막 사슬에 긴뜨기 5번 ➡ 처음 긴뜨기 코에 빼뜨기하여 연결

총 46[50]코

2단: 사슬뜨기 1번 ➡ 다음 8[10]코에 각각 긴뜨기 1번씩 ➡ 다음 5코에 각각 긴뜨기 2번씩 ➡ 다음 8[10]코에 각각 긴뜨기 1번씩 ➡ 다음 5코에 각각 긴뜨기 2번씩 ➡ 처음 긴뜨기 코에 빼뜨기하여 연결

3단: 사슬뜨기 1번 ➡ 다음 8[10]코에 각각 긴뜨기 1번씩 ➡ *{다음 코에 긴뜨기 2번 ➡ 다음 코에 긴뜨기 1번} ➡ *을 4번 더 반복 ➡ 다음 8[10]코에 각각 긴뜨기 1번씩 ➡ *을 5번 더 반복 ➡ 처음 긴뜨기 코에 빼뜨기하여 연결

바닥패턴2

0~6개월(발길이 9cm) 기준 ※[ ]의 숫자는 6~12개월(발길이 10cm)

총 42[46]코

1단: 사슬뜨기 9[11]번 ➡ 사슬코에서 3번째 사슬에 긴뜨기 1번 ➡ 다음 5[7]코에 각각 긴뜨기 1번씩 ➡ 마지막 사슬에 긴뜨기 6번 ➡ (반대쪽) ➡ 다음 5[7]코에 각각 긴뜨기 1번씩 ➡ 마지막 사슬에 긴뜨기 5번 ➡ 처음 긴뜨기 코에 빼뜨기하여 연결

2단: 사슬뜨기 1번 ➡ 다음 6[8]코에 각각 긴뜨기 1번 ➡ 다음 5코에 각각 긴뜨기 2번씩 ➡ 다음 6[8]코에 각각 긴뜨기 1번씩 ➡ 다음 5코에 각각 긴뜨기 2번씩 ➡ 처음 긴뜨기 코에 빼뜨기하여 연결

3단: 사슬뜨기 1번 ➡ 다음 6[8]코에 각각 긴뜨기 1번씩 ➡ *{다음 코에 긴뜨기 2번 ➡ 다음 코에 긴뜨기 1번} ➡ *을 4번 더 반복 ➡ 다음 6[8]코에 각각 긴뜨기 1번씩 ➡ *을 5번 더 반복 ➡ 처음 긴뜨기 코에 빼뜨기하여 연결

이중바닥 만들기

1 바닥패턴 방식을 골라 바닥을 2장 뜬 다음 한 장은 실을 끊어 마무리하고, 다른 한 장은 실을 끊지 않습니다.

2 바닥을 안과 안이 마주하게 놓고, 매듭짓지 않고 남겨두었던 고리를 반대쪽에서 끌어냅니다.

3 두 바닥을 빼뜨기로 둘러가며 연결합니다. 실을 끊고 마무리합니다.

〈참고〉 이중바닥을 사용하는 대부분의 예제에서는 바닥의 옆쪽(직선 쪽)에서 몸통을 뜨기 시작할 것입니다. 바닥의 옆쪽은 9[11]코로 되어 있는데, 그 코들 중 몇 번째 코에서 시작하도록 지시하고 있으니 그림을 참조해 코를 세는 방법을 정확히 숙지하도록 하세요.

미끄러지지 않는 바닥 만들기

이 책에서 소개하는 예제들은 주로 12개월 이하의 아기들을 위한 것입니다. 즉, 걸음마를 시작하기 전의 아기를 위한 신발들입니다. 편물로 뜬 신발은 미끄러지기가 쉽기 때문에 아무래도 걸어 다니기에는 불편한 점이 있습니다. 따라서 걸음마 연습이 시작된 아기들이 신을 신발이라면 바닥에 미끄럼을 방지하는 방법을 사용해야 합니다. 미끄럼을 방지하는 방법은 다음의 세 가지 정도가 있으니 적절한 방법을 선택하세요.

• 스웨이드 가죽: 스웨이드 가죽을 바닥 모양으로 자르고 큰 사이즈의 돗바늘이나 송곳을 이용해 테두리를 돌아가며 구멍을 냅니다. 구멍의 수는 몸통을 뜰 때 콧수가 맞도록 바닥패턴1의 경우 양 옆쪽 각각 구멍 9개, 앞(발가락 쪽)/뒤(뒤꿈치 쪽) 각각 구멍 14개를 뚫고, 바닥패턴2의 경우 양 옆쪽 각각 구멍 9개, 앞(발가락 쪽)/뒤(뒤꿈치 쪽) 각각 구멍 12개를 뚫어줍니다.

스웨이드 가죽에 구멍을 내서 뜨기

스웨이드 바닥에 구멍 뚫기가 끝나면 그 그멍을 바닥의 코처럼 사용해 몸통 뜨기를 합니다(몸통이 시작되는 위치에서 새로 실을 이은 다음 뜨기). 이때는 가죽에 뚫어둔 구멍에 넣기 쉽도록 떠야 할 사이즈의 코바늘보다 작은 사이즈의 코바늘로 뜨고, 이어지는 단부터는 원래 사용할 코바늘로 바꾸어 뜹니다.

• 바닥에 덧대기: 바닥에 고무나 레이스 트림을 덧대어 꿰매는 방법입니다. 또는 시중에서 미끄럼 방지를 위한 스티커 등을 판매하고 있으니 다양한 방법을 시도해보아 도 좋습니다.

레이스 트림을 덧댄 상태

• 퍼피 페인트(팝콘펜): 팝콘펜을 이용하 미끄럼을 방지하는 방법입니다. 뜨기를 완성한 바닥에 작은 점을 찍듯이 팝콘펜을 한 방울씩 떨어뜨립니다. 바닥에 떨어뜨린 팝콘펜 방울이 완전히 마르면 드라이어나 다리미 등으로 열을 가합니다. (반드시 완전히 말린 후 열을 가해야 함에 주의) 그러면 팝콘핀이 부풀어 오르면서 마찰력이 생겨 미끄럼을 방지하는 역할을 하게 됩니다. 팝콘펜이 완전히 마르는 데는 시간이 다소 걸리므로, 한짝씩 완성한 다음 작업하지 말고 양쪽을 다 완성한 다음. 더 이상 수정할 부분이 없을 때 팝콘펜 작업을 하도록 합니다. 답콘펜을 입히고 나면 더 이상 변형이 어려우므로 완전히 바닥 뜨기가 완료된 후 작업해야 함을 명심하세요.

떨어진 팝콘펜 방울이 부풀어 오른 모습

원작에 사용된 실

귀여운 아기 신발

발레 플랫(11쪽)
Sirdar Snuggly Baby Bamboo DK (80% bamboo, 20% wool): Jolly Spicy Red (173)

꽃 스트랩 슈즈(13쪽)
MC Patons DK (100% cotton): Apple (2205)
CC Sirdar Snuggly Baby Bamboo DK (80% bamboo, 20% wool): Cream (131); Rowan Baby Merino Silk DK (66% merino wool, 34% silk): Limone (675)

슬립온(18쪽)
MC Sirdar Simply Recycled DK (51% cotton, 49% acrylic): Denim Wash (016)
CC Sirdar Simply Recycled DK (51% cotton, 49% acrylic): Chalk White (010)

토슈즈(23쪽)
Patons Smoothie DK (100% acrylic): Apricot (2004)

브로그(26쪽)
MC Sirdar Snuggly Baby Bamboo DK(80% bamboo, 20% wool): Cream (131)
CC Patons 4-ply (100% cotton): Chocolate (1162)

컷워크 슈즈(31쪽)
Rowan Kid Classic Aran (70% wool, 26% mohair, 4% nylon): Feather (828)

체리 슬리퍼(33쪽)
MC Sirdar Snuggly Baby Bamboo DK (80% bamboo, 20% wool): Cream (131)
CC Patons DK (100% cotton): Apple (2205); Sirdar Snuggly Baby Bamboo DK (80% bamboo, 20% wool): Jolly Spicy Red (173)

장미꽃 펌프스(37쪽)
MC Sirdar Simply Recycled DK (51% cotton, 49% acrylic): Pumice (021)
CC Sirdar Simply Recycled DK (51% cotton, 49% acrylic): Seashells (017)

클로그(40쪽)
King Cole Cottonsoft DK (100% cotton): Mint (715)

모카신(45쪽)
MC Rowan Pure Wool DK (100% wool): Tan (054)
CC Rowan 4-ply (50% merino wool, 50% cotton): String (481)

포근한 아기 부츠

빈티지 리본 부츠(50쪽)
MC Sirdar Simply Recycled DK (51% cotton, 49% acrylic): Seashells (017)
CC Sirdar Simply Recycled DK (51% cotton, 49% acrylic): Canvas (011)

버튼 부츠(55쪽)
Sirdar Simply Recycled DK (51% recycled cotton, 49% acrylic): Pumice (021)

카우보이 부츠(58쪽)
MC Rowan DK (50% merino wool, 50% cotton): Cafe (985)
CC Patons DK (100% cotton): Chocolate (2162); Patons DK (100% cotton): Silver (2172)

털 부츠(63쪽)
MC Rowan Cotton Glace DK (100% cotton): Toffee (843)
CC Rowan Cotton Glace DK (100% cotton): Oyster (730)

데저트 부츠(66쪽)
MC Sirdar Simply Recycled Aran: Raffia (0034)
CC Rowan Pure Wool DK (100% wool): Anthracite (003)

술 달린 부츠(71쪽)
MC Sirdar Simply Recycled DK (51% cotton, 49% acrylic): Clay (0011)
CC Rowan Cotton Glace DK (100% cotton): Oyster (730)

야구 부츠(73쪽)
MC Sirdar Snuggly Baby Bamboo DK (80% bamboo, 20% wool): Jolly Spicy Red (173)
CC Sirdar Snuggly Baby Bamboo DK (80% bamboo, 20% wool): Cream (131)

바이커 부츠(78쪽)
Patons DK (100% cotton): Chocolate (2162)

스노 부츠(83쪽)
MC Patons Diploma Gold DK (55% wool, 25% acrylic, 20% nylon): Bright Aqua (06243)
CC Rowan Pure Wool DK (100% wool): Anthracite (003)

워크 부츠(87쪽)
MC Rowan DK (50% merino wool, 50% cotton): Brolly (980)
CC Patons DK (100% cotton): Chocolate (2162)

시원한 아기 샌들

젤리 샌들(92쪽)
Rowan Baby Merino Silk DK (66% merino wool, 34% silk): Limone (675)

그리스 샌들(97쪽)
MC Patons DK (100% cotton): Silver (2172)
CC Sirdar Simply Recycled DK (51% recycled cotton, 49% acrylic): Canvas (011)

보우프론트 샌들(100쪽)
DMC Natura Just Cotton 4-ply (100% cotton): Amaranto (N33)

우븐 레더 샌들(105쪽)
Sirdar Simply Recycled Aran: Raffia (0034)

러플 샌들(107쪽)
MC Patons Smoothie DK (100% acrylic): Apricot (2004)
CC Rowan Pure Wool DK (100% wool): Anthracite (003)

컴포트 샌들(113쪽)
MC Sirdar Simply Recycled DK (51% recycled cotton, 49% acrylic): Greenhouse (014)
CC Sirdar Simply Recycled DK (51% recycled cotton, 49% acrylic): Cork (012)

에스파드리유(116쪽)
MC Rowan Cotton Glace DK (100% cotton): Oyster (730)
CC Sirdar Snuggly Baby Bamboo DK (80% bamboo, 20% wool): Jolly Spicy Red (173)

꽃 샌들(121쪽)
MC Sirdar Simply Recycled DK (51% cotton, 49% acrylic): Cork (012)
CC Patons DK (100% cotton): Apple (2205); Sirdar Simply Recycled DK (51% cotton, 49% acrylic): Seashells (017)

폼폼 슬리퍼(124쪽)
Sirdar Snuggly Baby Cotton DK (100% cotton): Bo Peep Pink (156)

글래디에이터 샌들(129쪽)
MC Sirdar Simply Recycled DK (51% cotton, 49% acrylic): Cork (012)
CC Sirdar Simply Recycled Aran: Raffia (0034)

감사의 말씀을 전하며...

잡지에 실린 제 인터뷰를 보고 책을 내자고 제안해주신, 그리고 만들어지는 과정에서 물심양면으로 도와주신 출판사 관계자 여러분께 감사의 말씀을 드립니다. 또한 먼저 인터뷰를 하자고 제안해주셨던 잡지 관계자 여러분께도 감사를 전합니다. 책을 쓰는 동안 늘 곁에서 격려해주고 도와주었던 나의 가족, 특히 코바늘뜨기를 나에게 처음 가르쳐주셨던 나의 할머니, 그리고 작품의 동기이자 영감의 원천이 되어준 두 아이에게 감사와 사랑의 말씀을 전합니다.

저의 다른 작품은 http://monpetitviolon.com에서 더 만나실 수 있습니다.

비타 아팔라

찾아보기